一橋大学名誉教授　千葉大学教授　　大阪府立大学教授　横浜国立大学准教授
新田忠誓　善積康夫　辻　峰男　木村晃久
筑波大学准教授　公認会計士　　公認会計士
中村亮介　木村将之　池川穣治

実践 財務諸表分析

第3版

会計理論ならびに日本基準、国際会計基準の
財務諸表の解説から, 分析の実践例まで

中央経済社

第3版によせて

　類書に較べた本書の特長と言えば，第1に，初版のはしがきでも述べたように，会計アプローチつまりは会計理論に触れたことである（第1部第1章）。ここでは，国際会計基準が拠っており，わが国も目指している資産負債アプローチと，これまで日本の会計が寄ってきた収益費用アプローチについて解説している。

　第2に，分析の対象である日本基準，国際基準の財務諸表の紹介・解説（第1部第2・3章）を行っている。分析にあたって素材の姿を知らなければならない，という理由はもちろんだが，第1の特長を受け，両基準の現れ方を知ってほしいと思ったからでもある。ただし，以降（第5章以降）の説明・解説においては，日本基準に拠っている。

　第3に，財務諸表分析の実践例を加えている点である（第2部第8〜9章）。ここでは，第1部第5〜7章の財務諸表分析指標の説明を受けて，旭化成株式会社と東レ株式会社の財務諸表により指標の計算つまり分析のやり方とこれに基づく評価の見本を示している。

　ところで，財務諸表分析と言えば，経営分析とも言われるように，これまでは，経営管理の一手法と見られてきたように思われる。しかしながら，そもそも財務諸表分析はこれに留まらないというのが本書の姿勢である。つまり，投資家のための企業評価の手法である。「老後，2,000万円必要」という金融庁の報告に拠るまでもなく，これからの時代，金融資産の管理は我々が生き抜くために必要な技能である。本書はいわゆる金融教育・投資教育も目指し，その解説も加えている（第1部第7章）。これが本書の第4の特長となろう。

　初版において財務諸表分析の実践体験のために，財務諸表分析の練習問題を掲載したが，第2版では削除した。しかし，読者の知識・技能の定着には，分析と称する以上，やはり行為すなわち練習が必要であるという声が寄せられた。そこで，一般社団法人 資格教育推進機構（https://qepo.or.jp/）が主催する「会社決算書アナリスト試験」の問題を例として巻末に掲載した。なお，この試験では，和文・英文並記の合格証書が取得できる。このように，練成のために問題を掲載し，知識の定着を図ろうとした点も，本書の第5の特長と言えようか。

　今回もまた，中央経済社・小坂井和重専務取締役のお世話になった。ここに感謝の意を表するものである。

2020年7月

著者を代表して

新 田 忠 誓

は　し　が　き

　会計の国際化は，会計理論から見ると，従来，わが国の会計を支えていた『企業会計原則』の論理すなわち収益費用アプローチから，『討議資料　財務会計の概念フレームワーク』ならびに『IASB, Framework for the Preparation and Presentation of Financial Statements 』の目指す資産負債アプローチへ論理の変更を要求しているといえる。このような会計理論の変更は，財務諸表の見方さらにその応用すなわち財務諸表分析にも変化をもたらすはずである。本書は，この意図の下に書かれている。これについて，両会計観が実際の計算構造つまり損益計算書と貸借対照表の作成に，どのような影響をもたらすかも説明している（第1部第1章）。言わば，会計理論の領域である。この変更を受け，財務指標について，これまでの財務諸表分析に係る類書と異なる表現が使用されている（第1部第3・4・5章）のは，このためである。

　つまり，資産負債アプローチの下での財務諸表分析は，どうあるべきか。これが本書刊行の第一の意図である。

　そもそも資産負債アプローチは投資家の意思決定を意識した会計であると考えられる。そこで，この点をとくに意識し，会計情報と株価に関する章（第1部第6章）も設けた。

　さらに，本書で提示した手法を具体的に示すことにより読者の理解に供するために，有価証券報告書から三井化学株式会社と信越化学株式会社を取り上げ，これも示した（第2部第7・8章）。

　ところで，いわゆる簿記能力検定試験のように，財務諸表分析の能力を保証する検定試験はないだろうか。これについて，著者のうち新田が依頼を受け創設に関わった（2008年第0回検定（試行），2009年第1回検定より正式施行）全国商業高等学校協会（いわゆる全商）の「会計実務検定試験　財務諸表分析」がある。そもそも，この検定試験創設の哲学は，商業高等学校生にのみならず，商的センス振興のため，試験を広く社会一般に開放することを意図している（試験の要領は次頁をみてほしい）。現に，一部大学でも採用されている。本検定試験のテキストとして『全商　会計実務検定試験テキスト　財務諸表分析』（実教出版）（2014年で五訂版）があるが，本書は，この試験とテキストの論理に支持を与えるとともに，理論をさらに進展させることを第二の意図としている。

　このために，上記検定試験の情報も掲載している（巻末付録―試験範囲表および第5回問題の見本）。本書を読まれ，自己の実力を試してみようと思い立たれた読者には，受験をお薦めしたい。能力を保証する合格証書も発行される。

　最後に，本書の2つの意図に理解を示し，刊行について，お世話になった中央経済社の小坂井和重取締役に深く感謝の意を表したい。

2014年6月

著者を代表して

新　田　忠　誓

目　　次

第6章　安全性の分析――――――――――――――― *71*

第**2**部　　財務諸表分析のすすめ方

第1部

財務諸表分析の考え方

　ここでは，財務諸表分析を行うためのさまざまな準備作業と財務諸表分析の知識の修得を行います。

　第2章と第3章では，日本基準と国際会計基準に分け，それぞれ財務諸表の読み方，第4章では，分析の方法と論理，これらを受け，第5章で，分析の二本柱の一つである収益性，第6章で，一方の安全性の分析を扱っています。

　これら指標の理解においては，会計数値の意味つまり会計学の論理の理解が前提になるはずです。これを扱ったのが，第1章で，類書とは違う本書の特長となります。

　第7章では，視点を変え，投資家の立場からの分析を扱います。

第 1 章

会計アプローチと
貸借対照表・損益計算書の見方

Summary　会計の国際化の下，わが国の会計は，これまでの『企業会計原則』に見られる収益費用アプローチから，『討議資料　財務会計の概念フレームワーク』にある資産負債アプローチに変化させられた。アプローチの変化は，財務諸表観つまり貸借対照表観と損益計算書観の変化を結果する。これは，当然の事ながら，財務諸表を利用する財務諸表分析手法の考え方・意味づけにも変化を強要する。

　本章は，このアプローチの変化を受けて，収益費用アプローチと資産負債アプローチの計算構造の違いを説明し，財務諸表分析を行う上での前提として，両アプローチの貸借対照表と損益計算書の見方の変化を概説する。

1　会計アプローチと貸借対照表観

⑴　収益費用アプローチの計算構造と貸借対照表

　長く，わが国の会計実践をリードしてきた「企業会計原則」（昭和24年設定，最終修正昭和57年）の構成は，一般原則（第一）のあと，最初に，損益計算原則（第二）を置き，貸借対照表原則（第三）は最後に置かれている。つまり，企業会計において，損益計算書すなわち収益と費用が最初に決まること，いわゆる損益計算の基準が資産，負債，資本（資産負債アプローチでは，純資産に対応）の確定に先行する構成を取っている。このような収益・費用の計算基準が会計を支配すると考える考え方を"収益費用アプローチ"という。

　「企業会計原則」は，収益と費用について「すべての費用及び収益は，その<u>支出及び収入に基づいて計上</u>し，その発生した期間に正しく割当てられるように処理しなければならない。ただし，未実現利益は，原則として，当期の損益計算に計上してはならない」とし（第二・一・A）（下線―筆者），これを受け，資産の評価においても「原則として，当該資産の<u>取得原価（支出－筆者注）</u>を基礎として計上しなければならない」としている（第三・五）（下線―筆者）。つまり，収入と支出（収支計算書－累積収支計算書：簿記では，試算表－）が会計の枠を作り，その中で第一に収益と費用（損益

計算書－当期の収益費用計算書：簿記では，損益勘定－）が決定され，資産・負債・資本（貸借対照表）は，これに従う構造を取っている。この収益費用アプローチの計算構造を示すと，**図表1-1**となる。

　ここでは，簿記の勘定数値を集約した残高試算表（決算整理前・試算表）は，貸方に収入，借方に支出と計算目的たる現金預金などの支払手段（**図表1-1**では，当座預金）を計上する収支計算書と解釈され，貸借対照表は，収益・費用の計算法つまり損益計算書の作成原則から誘導され，第一義的に，将来，収益・費用ならびに収入および支出により解決する（消滅する）これら4要素（収入・支出・収益・費用）の間の未解決項目[1]を収容している表とされる（整理前貸借対照表）。

　つまり，貸借対照表（整理前貸借対照表の解釈欄を見よ）の**貸方**は，収入・未支出（資本金，利益も含む）（**図表1-1**の例では，社債：調達収入 450と返済支出 50 <small>（収支計算書を見よ）</small> の差つまり返済されない未解決の収入 400が社債として計上される <small>（貸借対照表）</small>），収入・未収益（**図表1-1**の例では，前受手数料：収入9 <small>（収支計算書）</small> のうち7が収益となり解決し <small>（損益計算書）</small>，未解決（符号②で表示，以下同じ）の2が未解決の前受収入となる <small>（貸借対照表）</small>），費用・未支出（**図表1-1**の例では，買掛金（図表下の※※）や資産除去引当金：資産除去引当費 10が計上された <small>（損益計算書）</small> が，その支出（解決）がなかったので，未解決の費用（・未支出）10となる（⑥）<small>（貸借対照表）</small>），**借方**は，支出・未費用（**図表1-1**の例では，（繰越）商品（①），前払家賃：家賃支出 260 <small>（収支計算書）</small> のうち，240が費用として解決され <small>（損益計算書）</small>，残りの20が未解決の前払いの支出となる（④）<small>（貸借対照表）</small>），支出・未収入（**図表1-1**の例では，投資有価証券：購入した 600の支出 <small>（収支計算書）</small> のうち 100が回収され <small>（収支計算書）</small> 解決・消滅したので，未解決の支出 500が投資有価証券となる <small>（貸借対照表）</small>），収益・未収入（**図表1-1**の例では，売掛金（下の※）や未収配当金：配当金収益として6計上された <small>（損益計算書）</small> が，未だ収入として解決していない <small>（収支計算書）</small> ので，未収の6がそのまま計上される（⑦）<small>（貸借対照表）</small>），および支払手段（当座預金）となり，未解決項目はそれぞれ将来，貸方項目は，支出（収入・<u>未支出</u>と費用・<u>未支出</u>）と収益（収入・<u>未収益</u>）により，借方項目は，費用（支出・<u>未費用</u>）と収入（収益・<u>未収入</u>と支出・<u>未収入</u>）により消滅し解決する。以上が計算構造から見た貸借対照表の誘導過程である。

　さらに，未解決項目を収容している貸借対照表の，企業活動を見る上での情報としての積極的意味を考えてみよう。

　会計の構造を決めている収支計算書（決算整理前残高試算表）は，貸方が'収入'，借方が'支出'であるので，これを受け，貸方項目の費用・<u>未支出</u>は，費用であるけれども未だ支払っていないので，支払手段の出を押さえており，目下，支払手段の減少をもたらさない点で，収入・未収益，収入・未支出と同様，'収入'と解釈でき，この解釈により，貸借対照表貸方はすべて'収入'，つまり企業活動にとっては，資本の"調達源泉"を示しているということができる。

　一方，借方については，収益・未収入は，既に収益となり，収入すなわち支払手段となることが予定されているから，'支払手段同等物'[2]といえ，このように解釈すると，貸借対照表借方は'（同等物を含む，広義の）支払手段と支出（支出・未費用と支出・未収入）'，つまり，貸方，資本の調達源泉（収入）に対する企業資本の"運用形態"（支出と支払手段）が計上されているとみることができる。

　ここで，調達源泉は収入にせよ費用（未支出）にせよ，金額は歴史的会計事実（過去の取引）に基づいており，運用形態も現在の有高である支払手段を除くと，支出にせよ収益（未収入）にせよ

［図表1-1］ 収益費用アプローチの計算構造

"会計をリード"

〈資本の〉
運用形態　調達源泉

会計学 簿記 項目	収支計算書 決算整理前・試算表 支出	収入	損益計算書 損益勘定 費用	収益	整理前貸借対照表 資産	解釈	負債資本	解釈	整理記入 決算整理 借方	貸方	貸借対照表 残高勘定 資産	負債資本
営業損益：												
売上（販売基準）		2,000		2,000	0							
仕入・売上原価	1,500		1,400		100	支出・未費用				① 100		
受取手数料		9		7			2	収入・未収益	② 2			
貸倒引当金繰入額			5				5	費用・未支出	③ 5			
支払家賃	260		240		20	支出・未費用				④ 20		
減価償却費			100				100	支出費用化	⑤ 100			
資産除去引当費			10				10	費用・未支出	⑥ 10			
			1,755	2,007								
営業利益			252									
			2,007	2,007								
営業外損益：			（営業利益）	252								
受取配当金		0		6	6	収益・未収入				⑦ 6		
			0	258								
資本コスト控除前経常利益			258									
			258	258								
特別(含前期損益修正)損益：			（経常利益）	258								
貸倒引当金戻入益				2	2	前期損益修正				③ 2		
災害損失	60		20		40	支出・未費用				⑧ 40		
負ののれん		4	償却益	4								
			20	264								
資本コスト控除前当期純利益			244	〈企業体利益〉								
			264	264								
資本コスト：			（控除前純利益）	244								
支払利息			10				10	費用・未支出	⑨ 10			
当期純利益			a) 234	〈株主利益〉								
			244	244								
			（当期純利益）	234								
配当金			a) 11				11	配当・未支出	a) 11			
繰越利益剰余金へ			11	234			223	収入・未支出	b) 223			
資本コスト控除後当期純利益			223	〈企業利益〉								
			234	234								
営業活動：												
繰越商品	300				300	支出・未費用			① 100		400	
前払家賃									④ 20		20	
前受手数料										② 2		2
備品	1,000				1,000	支出・( )		支出・未費用			1,000	
減価償却累計額		100					100	（費用化）		⑤ 100		200
資産除去引当金		–								⑥ 10		10
繰延災害損失	–								⑧ 40		40	
投資活動：												
投資有価証券	600	100			500	支出・未収入					500	
未収配当金									⑦ 6		6	
資金調達活動：												
社債	50	450					400	収入・未支出				400
未払利息										⑨ 10		10
未払配当金										a) 11		11
資本金		1,000					1,000	収入・未支出				1,000
繰越利益剰余金		205					205	収入・未支出		b) 223		428
［収支拡張］												
売掛金	200				※200	収益・未収入					営業資産 200	
貸倒引当金		2					2	費用・未支出	③ 2	③ 5		5
買掛金		180					※※180	費用・未支出			営業負債 180	
	3,970	4,050										
当座預金	80				80	支払手段					80	
	4,050	4,050			2,248		2,248		529	529	2,246	2,246

※（当座預金）1,800 （売上）2,000　※※（仕入）1,500 （当座預金）1,320　a) b) （繰越利益剰余金）11 （未払配当金）11
（売掛金）200　（買掛金）180　（損益）234 （繰越利益剰余金）234
収益・未収入　費用・未支出

会計数値そのものが過去の事実[3]に基づいて決まっている点にも，この貸借対照表観の特徴がある。つまり，ここでの会計数値は過去の数値（取引）が元となっている。

　以上が，収益費用アプローチにおける貸借対照表の見方，貸借対照表観である。

　さらに，**図表1-1**では，後の財務諸表分析に繋げるために，企業活動を，営業活動，投資活動（営業外損益と表示しているが，資本調達活動を除く），資金調達活動（資本コストと表示し，他人資本利子 – 支払利息と自己資本利子である配当金の共通性を示している）に分け，利益では，いわゆる当期業績主義利益を構成しない特別なもの（前期損益修正ならびに臨時（狭義の特別）損益）[4]を抽出している。また，利益に関し，通常の損益計算書の最終利益，当期純利益（処分が決まるまでは株主に帰着している利益：株主利益と表示）とともに，資本コスト控除後当期純利益（企業自体に帰着する利益：企業利益と表示）も表示している[5]。

　さて，貸方の調達源泉のうちの収入・未支出について，会計構造論上は，収入であり解決されていない点で同等であるが，支出つまり解決の仕方において，制度上，重要な相違がある。これは，上述の資本コストの区分にも相応するのであるが，1つは，資本金や積立金のように支出を企業が統制できるものであり，他方，借入金のように支出が義務づけられ，会社が統制できないものの相違である。前者は，法的には，会社は資本拠出者(株式会社の場合，株主）のもの(会社＝株主の集団）という思考に立ち，これらは，会社(自体)のものという視点で，「自己資本」と呼ばれ，他方，借入金のように義務であり支出しなければならないものは「他人資本」と呼ばれる。さらに，収入・未収益や費用・未支出である他の調達源泉をみると，前者は収益に見合う給付を提供しなければならなし，後者は費用に見合う支出をしなればならない。つまり，これらは，会社が何らかの形で履行しなければならないものであるから，「他人資本」といえる。つまり，貸借対照表の貸方は，他人資本と自己資本という形で，過去の取引に基づく資本の調達源泉を示していると見ることができる。

　ここで，損益計算書の見方にも言及すべきである。しかし，これについては，次の資産負債アプローチの損益計算書と比較した方がわかりやすいので，資産負債アプローチの計算構造を説明した後で取り上げる。

　いずれにせよ，収益費用アプローチでは，財務諸表のうち損益計算書つまり収益費用の計算基準が会計をリードしている[6]。

(2)　資産負債アプローチの計算構造と貸借対照表

　これに対し，貸借対照表つまり資産・負債の計算が会計をリードするのが，資産負債アプローチである。わが国で資産負債アプローチの指針を与えているのが，「討議資料　財務会計の概念フレームワーク」(2006年）である。これは，そもそも国際会計基準審議会（IASB）の「財務諸表の作成及び表示に関するフレームワーク」(*Framework for the Preparation and Presentation of Financial Statements*, 2001）の日本版である。そこで，原本とも言える後者に基づいて，資産負債アプローチを概観してみよう。

　IASBフレームワーク（2001年）によれば，「資産とは，過去の事象の結果として企業が支配し，

かつ，将来の経済的便益（future economic benefits）が当該企業に流入すると期待される資源（resource）をいう」（49項(a)），「負債とは，過去の事象から発生した企業の現在の債務（obligation）で，その決済により，経済的便益を有する資源が当該企業から流出することが予想されるものをいう」（49項(b)），「持分とは，企業のすべての負債を控除した残余の資産に対する請求権（residual interest in the assets）である」（49項(c)）とされる。

つまり，貸借対照表による資産・負債の把握と，負債控除後の持分（純資産）の計算が会計目的とされる。結果，収益と費用は，資産・負債の従属概念となる。このように資産・負債の把握を中心に会計を見る見方を"資産負債アプローチ"という。

ちなみに，「収益とは，当該会計期間中の資産の流入若しくは増加又は負債の減少の形をとる経済的便益の増加であり，持分参加者からの出資に関連するもの以外の持分の増加を生じさせるものをいう」（70項(a)），「費用とは，当該会計期間中の資産の流出若しくは減価又は負債の発生の形をとる経済的便益の減少であり，持分参加者への分配に関連するもの以外の持分の減少を生じさせるものをいう」（70項(b)）とされている。この計算構造では，資産・負債の決定から会計が始まる。

資産負債アプローチの計算構造を示すと，次ページの**図表1-2**となる。今，この構造の中での利益計算に注目すると，貸借対照表が計算した純資産から簿記の試算表が計上している純資産を控除して算出している。包括利益 229がこれである。ここでの試算表は，計算上の資産・負債・純資産を収容している。これを，資産負債アプローチの貸借対照表に形を合わせると，純資産の計算書とみなされる。ここで簿記が把握している計算上の数値とは，当該項目の期首有高に期中の増減記録を加えた値であり，計算上あるべき数値である。損益計算書誘導過程の具体的説明は次の2(2)でするとして，損益計算書は資産・負債の帳簿有高と実際有高の比較から誘導される。この意味では，損益'計算'書ではなく，資産負債'増減'表（明細表）というべきものである。

資産負債アプローチでは，簿記を前提としつつも，収益・費用が会計数値を決める収益費用アプローチと異なり，貸借対照表つまり資産・負債が会計をリードしているが，利益の計算だけであれば，簿記つまり試算表は必要ない。期末純資産から，期首資産・負債の差額つまり期首純資産を控除すれば，ストックの増分として利益が算出されるからである。ただし，期中に「持分参加者からの出資」や彼らへの「分配」（資本取引）があれば別である。そのためには元入資本（計算上の純資産）を計算する簿記記録が必要となり，結果，試算表が取り入れられ，損益計算書を誘導できるようになる。

ところで，この資産・負債価額の決定において，収入・支出・収益・費用から誘導される収益費用アプローチと較べ，どのような違いがあるであろうか。ここでは，資産（「将来の経済的便益」）から負債（「流出」の「予想」）を控除した差額すなわち純資産（純資産は，計算上の解散価値とも言われる），株主から見ると，負債控除後の企業に対する残余たる持分いわゆる株主持分（会社を株主の物と考えた場合の自己持分）を計算するのであるから，控除する負債に重要性があると思われる。つまり，資産としての質は，控除する負債に対応すべき能力に求められると考えられる。すなわち，会計への要請として，第一に，企業の負債を把握しようとする姿勢が求められよう。よって，負債・資産の認識測定において，簿記に基礎を置く会計として「過去の事象」に拠るとは言い

［図表1-2］資産負債アプローチの計算構造

"会計を支配"

会　計　学	帳簿上の資産負債計算書		貸借対照表		資産負債増減分析		整理記入	
簿　　　記	決算整理前・試算表		(閉鎖) 残高勘定		損益勘定		決算整理	
項　　　目	帳簿上の資産	帳簿上の負債	資産	負債	費用・損失	収益・利益	借方	貸方
資産 (個別)：					(資産減少)	(資産増加)		
当 座 預 金	80		80		0			
売 掛 金	200		200		<195>			
貸 倒 引 当 金		2	<198>	5		3	①	3
商品 (繰越商品＋仕入)	1,800		400		1,400		②	1,400
前払家賃 (支払家賃)	260		20		240		③	240
未 取 配 当 金			6			6	④	6
備 品	1,100		1,100		<880>			
減 価 償 却 累 計 額		110	<990>	220	110		⑤	110
投 資 有 価 証 券	500		570			70 a)	※70	
全体：								
特別・災害損失支出金	60				60		⑥	60
負債 (個別)：					(負債増加)	(負債減少)		
買 掛 金		180		180		0		
社 債		395		400	5		⑦	5
未 払 利 息				10	10		⑧	10
資 産 除 去 債 務		100		102	2		⑨	2
繰 延 税 金 負 債				28	28		a)	※28
前 受 売 上 金 (売上)		2,000		0		2,000	⑩	2,000
前受手数料 (受取手数料)		9		2		7	⑪	7
全体：								
特別・負ののれん		4		0		4	⑫	4
	4,000	2,800	2,376	947	1,858	2,087		
純 資 産		1,200		1,429	229	(包括利益)		
	4,000	4,000	2,376	2,376	2,087	2,087		
純財産：	1,200		1,429					
(株主資本)								
資 本 金	1,000		1,000					
繰 越 利 益 剰 余 金	200		387				b)	187
(その他)					純資産直入			
その他有価証券評価差額金			(評価差額)42				a)	※42
	1,200	1,200	1,429	1,429				

純資産増減分析	
借方	貸方
(純資産増加)	229
<243－56>	
187 ⇐ (当期純利益)	
42 a) 42 ⇐ (残余利益)	
229	229

回収可能性テスト
公正価値

【増 減 分 析 表】 ⇒

特別 (全体)：

| | 災　害　損　失 | ⑥ | 60 |
| | 負 の の れ ん 償 却 益 | ⑫ | 4 |

(特別損失)

経常 (個別資産負債)：

売 上 高	⑩	2,000
受 取 手 数 料	⑪	7
受 取 配 当 金	④	6
売 上 原 価	②	1,400
貸 倒 引 当 金 繰 入 額	①	3
減 価 償 却 費	⑤	110
利 息 費 用	⑨	2
支 払 家 賃	③	240
支 払 利 息	⑦⑧	15

| | 3,917 | 3,917 |

(経常 [通常] 利益)

損益計算書	
損失	利益
60	
	4
60	4
b) 56	
60	60
費用	収益
	2,000
	7
	6
1,400	
3	
110	
2	
240	
15	
1,770	2,013
b) 243	
2,013	2,013

(注) a)－b) ＝当期純利益
※ 70 (評価益)－28 (負担すべき税額) ＝42 (残余利益)

【注】a), b) →通常利益 243－特別損失 56＋評価差額 42＝包括利益 229　⟷　実際期末純資産 1,429－帳簿純資産 1,200＝229
243－56＝当期純利益 187

（前掲定義を見よ）つつも，収益費用アプローチのように収入・支出ならびに収益・費用発生の事実に拘束されず，将来の予測およびこれに基づく金額（現在価値−将来キャッシュ・フローの割引価値など）も収容される。つまり，収益費用アプローチが会計数値を過去に結びつけて把握しているのに対し，未来に結び付けようとしている点も，この会計としての特徴になると考えられる。

この典型が，資産除去費用に係る会計, すなわち, 資産除去債務と収益費用アプローチの資産除去引当金の処理の違いである。資産負債アプローチでは，将来の除去のための支出額全額が見積もられ，その金額を現在価値に割り引いた期末債務額（**図表1-2**では，102）が負債として計上される。一方，収益費用アプローチでは，当期が負担すべき費用（**図表1-1**では，10）が計上され，これが支出されない限りにおいて，資産除去（費用）引当金（**図表1-1**では，当期の10のみであるが，正確には，過去から現在までの累積額）が負債として計上される。前者は，期末時点の価値という意味で，いわばストックしかも将来を見据えた価額を計上しているのに対して，後者は，期間の未解決分いわばフロー，しかも過去を含めて現在までの累積額を計上している。ここに，両者の貸借対照表能力に大きな違いがでる。

それでは，何故，このような会計が要請されるのであろうか。これに関してさまざまな考え方があろうが，財務諸表分析の視点では，計算目標つまり純資産の意味を考えるのが妥当であろう。純資産は企業ないし株主の持分であるから，実際にはあり得ないが，仮にあるべき姿で測定されたとすると，その値は市場では，株価の合計に一致するはずである。つまり，"会計上の企業価値（株主価値）と外部市場での株価（合計）（市場の企業価値）の一致"である。あくまで論理上ではあるが，資産負債アプローチは，このような思考に辿り着くと言えよう（理論上は，第7章を見よ）。

この会計においても，企業活動による純資産の増減原因（資本取引を除く）を知ることは，もちろん重要である。そこで，収益費用アプローチの損益計算書と比較し，両者の損益計算書の本質の違いをみていこう。

2　会計アプローチと損益計算書観

(1)　収益費用アプローチによる損益計算書

図表1-1により，収益費用アプローチの損益計算書の見方を示していく。このアプローチに立つ企業会計原則によれば，損益計算書は，営業損益計算，経常損益計算，純損益計算に区分され（第二・二），売上総利益，営業利益，経常利益，税引前当期純利益，当期純利益が計算される。

まず注目すべきは，純損益計算つまり特別損益の中味である。ここには，前期の貸倒れ費用の修正である貸倒引当金戻入益などの前期損益修正と，災害損失や固定資産の除去による固定資産売却損益等のいわゆる特別・臨時の損益項目（狭義の特別損益）が収容される（第二・二・C）。結果，経常損益計算までの区分には，営業損益とともに，営業外の損益，つまり，利息および割引料，有価証券売却損益，その他営業活動以外の原因から生ずる損益であって，上記特別損益に属しないも

のが計上される（第二・二・B）（**図表1-1**では，資本コスト（営業外費用）を控除せず，「資本コスト控除前経常利益」（258）として示している）。

　以上の要請の結果，我々が見る公表損益計算書では，経常利益はいわゆる“当期業績主義”の利益すなわち‘当期’の企業活動の成果が計算され，これらの収益・費用が表示されることになる。他方，特別損益を加減算し計算される当期純利益（234）は，当期末までに確定したすべての収益・費用を収容した利益であるから，“包括主義”の利益となる（表では，資本コストを控除していない，「資本コスト控除前当期純利益」（企業体利益 244）を示しているが，資本コストを控除すると，この利益となる）。なお，公表損益計算書では，営業外費用として，他人資本利子が控除されていることから，経常利益を含めて，当期純利益は株主利益と言える。

　図表1-1では，企業の資本調達活動は，販売（営業）活動や余裕資金の運用活動（狭義の企業活動）とは別個のものと考え，資本調達の側面を考えない利益を「資本コスト控除前経常利益」（258）「資本コスト控除前当期純利益」（244）としたうえで，貸方に現れる資本調達も考慮に入れた企業の全活動を反映する利益を「資本コスト控除後当期純利益」（企業利益 223）とし，これを最終利益としている。つまり，企業の資本調達活動の側面（貸方）を，企業資産の運用活動（借方）と分離している。これまでのような企業の見方とその意味は，次章以下でも，必要に応じ触れられる[7]。

　さらに，売上総利益の算出過程を分析すると，売上原価は売上高に対応して計算される。いわゆる“個別的対応”である。企業会計原則は，営業収益の計上基準としての実現主義に基づき（第二・三・B），とくに割賦販売については，販売基準（狭義の実現主義）の他，回収期限到来基準や入金基準の適用を認めている。ということは，ここで，計上される貸借対照表項目は，販売基準による収益・未収入（売掛金）ならびに支出・未費用（商品）が計上されるのみならず，期限到来基準による収益・未収入（割賦売掛金）ならびに支出・未費用（手元にない計算上の商品も含む）および，回収基準では収益・未収入はなく支出・未費用（計算上の商品）のみが資産として計上されることになる。すなわち，資産の計上基準つまり項目名も金額も異なる。このように，収益費用アプローチでの資産・負債はいわば‘損益計算的’資産・負債といえる。資産の<u>収益</u>・未収入や支出・<u>未費用</u>，負債の<u>費用</u>・未支出，収入・<u>未収益</u>という表現はまさしくこれを表している。つまり，損益計算的資産・負債が貸借対照表に計上される。

　この視点でとくに注目すべきは，期間利益の比較可能性（比較可能な利益の計算）を保証するために認められる，当期のみが負担すべきでない費用・損失の繰延べの容認である。この典型が，企業の組織に関わる支出である繰延資産（例として，試験研究費や開発費など。この償却は，企業組織の費用として営業外費用とされる）であるが，かつては，臨時巨額の損失の繰延べ（**図表1-1**繰延災害損失 ⑧ 40）も認められていた[8]。これらは，個々の資産・負債には跡づけられない企業組織全体の損失である。ちなみに，資産負債アプローチでは，このような実体のないものの貸借対照表能力は認められない。

　以上から言えることは，収益費用アプローチの損益計算書は，企業の活動そのものを見ようとする姿勢に立ち，それぞれの活動を描写しようとする姿勢を持つ。つまり，**図表1-1**のような活動ごと（営業・投資・資本調達活動）の収益・費用を把握し計算する計算書，文字通りの損益‘計算’書が作成される。

⑵　資産負債アプローチによる損益計算書

　次に，**図表 1-2** により，資産負債アプローチによる損益計算を見てみよう。ここでは，帳簿上の純資産と実在上の純資産の計算要素である，それぞれ帳簿上の資産・負債（決算整理前残高試算表）の数値と実在上の資産・負債の数値（貸借対照表）とが利用される。そして，収益や費用は，各資産・負債の帳簿価額と実際価額との差として把握される。たとえば，商品については，帳簿上の商品有高（仕入と繰越商品勘定の合計 1,800）と実際有高（期末商品 400）とを比較し，その差（商品減少の原因）として，売上原価（② 1,400）が決められるし，売上高は，帳簿では思考上，一旦前受けしたもの（前受売上金 2,000：負債－商品を渡すべき義務－）として把握されたうえで，期末にその前受けが解消された（相手方の検収つまり検収基準＜代金請求権も確定する＞により商品提供の義務を果たした：期末前受売上金 0）ことにより負債の減少の原因（⑩ 2,000）として計上される（＜収益費用アプローチでは，原則，企業の商品の出荷（自分の行為）つまり販売基準により売上高を計上した＞）。この過程を前掲の資産除去債務で再述すると，資産除去債務価額の期首（100）・期末（102）の価格差（将来支出額に変わりないと仮定すると，現在価値にするための単なる利息費用⑨ 2）として，費用（負債増加額）が計上される。

　以上のように，収益・費用は，帳簿資産・負債と実在資産・負債との差額の相手勘定（原因の記録）となり，損益計算書は作成されるのではなく，誘導される。つまり，本質は，個々の資産・負債＜ 経常［通常］利益：b) 243 ＞の‘増減明細表’となる。このように考えると，この損益計算書では，前掲した収益費用アプローチの損益計算書とは異なり，当期業績主義の思考はもちろん個別的対応の原則の適用もない。**図表 1-2** で示したように，せいぜい貸借対照表に適用される資産・負債の分類原則に対応して，営業上の資産・負債の増減明細を合計した営業利益，および，この利益に，わが国の慣行からすると，営業外のものとして存在している個々の資産・負債の増減明細を加減算した形で，経常利益と称される値が計算されるにすぎない。つまり，前述の収益費用アプローチのように個別的対応を前提とする売上総利益はもちろん，純粋な形での当期業績主義の利益も計上されない。とくに計上する売上総利益（600）は，販売により増加した資産（債権）の増加ないし負債（前受金）の減少（2,000）と，これら増加減少とは別に，言わば無関係に（個別的対応は意識せず），商業の場合には，期末に確認した商品（資産）の減少（1,400），製造業の場合には，同じく期末に確認した製品・仕掛品・原材料の減少の差額計算をしたものにすぎない。収益費用アプローチのように，収益（売上高）の計算基準が対応する費用（売上原価）の金額を決めるような思考はない。

　このように資産負債アプローチの損益計算書の本質を敷衍すると，特別損益となるものは，個々の資産・負債の増減に跡付けられないもの（**図表 1-2** では，災害損失全額 ⑥ 60）となり，たとえば，企業組織全体に基づく損益（**図表 1-2** では，負ののれん全額 ⑫ 4）もそれに妥当すると考えられよう。そして，ここでの損益計算書は，資産負債の増減差額をすべて，つまり，包括して収容したものであり，この増減を，営業，営業外，特別等，ある特定の見地からの区別を意識しない限り，いわゆる包括利益（229）を一本で計上すればよいものとなる。収益費用アプローチのように，当期の活動のものか前期のものかというような区別する思考は出てこない。

　以上が，本来の資産負債アプローチの損益計算書の本質になると思考される。しかし，これから扱う財務諸表分析では，このような厳密な思考には基づいていない。慣行に基づいて，売上総利益も営業利益も旧来のように見ることができるという立場に立つ。とりわけ経常利益は，当期の企業活動による資産・負債の増減いわば業績を反映していると見ることができると便宜上考え，分析を進めている。

　しかし，会計観の変更に基づく，貸借対照表観，損益計算書観の変化は，財務諸表分析（あくまで‘財務諸表’を素材とした分析であり，経営分析・企業‘活動’を素材とした分析でない）の論理および説明に影響を与える。本書が，たとえば，自己資本という表現をしないように，従来の財務諸表分析の書籍と異なる説明と用語とを使用している根拠はここにある。すなわち，本書は，会計観の変更に基づく新しい財務諸表の見方を意識し書いている。

（注）

1　収益と費用の差つまり利益も未解決項目であり，この未解決項目は貸借対照表に繰越利益剰余金（利益（収入）・未支出）として収容され，利益処分により解決される。簿記記録では，

　　　（損　　益）　　　　　　　　　234　　（繰越利益剰余金）　　　　　　　234

となり，前期の205と合算された439が処分の対象となり，この例では，次のように解決される。

　　　（繰越利益剰余金）　　　　　　　11　　（未払配当金）　　　　　　　　　11

つまり，利益は処分されて初めて解決される（**図表1-1**の a），b））。

2　これらは，売掛金や未収金（商品製品以外の物品の処分収入）であるが，一旦，現金で受け取り，それを貸し付けたと解釈すると，支出・未収入とも解釈できる。売掛金で示すと，

　　　（現　　金）　　　　　　1,000,000　　（売　　　上）　　　　　1,000,000

　　　（売掛金—支出・未収入—）1,000,000　　（現　　金）　　　　　　1,000,000

つまり　一旦，現金で回収し，その現金を得意先へ貸し付けたと見ることもできる。

　なお，**図表1-1**では，収支計算書では収支拡張とし，広義の支払手段（プラス（売掛金）とマイナス（買掛金））と解釈し表示しているが，発生過程をみると，収益・未収入であるから，表示では，収益・未収入としている（**図表1-1**下の※と※※を見よ）。

3　たとえば，備品を購入したが，代金未払いの場合，

　　　（備　　品）＜支出・未費用＞　500,000　　（未払金）＜収支拡張＞　　　500,000

と記録されるが，この場合，過去の事実というとき，収支を債務（債権の場合—未収金）まで拡張している。つまり，上の注2で述べたように収支拡張としている。

　未払金を，次の取引を仮定して＜収入・未支出＞と解釈することもできるが，現金の流入の事実がないので，収支拡張としている。簿記記録では，上の仕訳のように債務・債権（貸し・借り）の把握が重要である。

　　　（現　　金）　　　　　　　500,000　　（未払金）＜収入・未支出＞　　500,000

　　　（備　　品）＜支出・未費用＞500,000　　（現　　金）　　　　　　　500,000

未支出は将来，収入により解決される。

| （未 払 金）<収入・未支出の解決> | 500,000 | （現　　金） | 500,000 |

4　図表の「負ののれん」について：負ののれんは，合併や事業取得（通常ではない特別の活動）において，取得した資産と負債（純資産，企業の価値）より取得のために支払った金額が少ない場合に発生する差額で，企業が安い買い物をしたことになり，利益となる。

　　今，諸資産 1,000，諸負債 800の事業を 196で取得した（現金で支払ったとする）場合，次の記録となる。

（諸 資 産）	1,000	（諸 負 債）	800
		（現　　金）	196
		（負ののれん）	4

　　なお，205の対価を支払った場合は，次の記録になる。

| （諸 資 産） | 1,000 | （諸 負 債） | 800 |
| （の れ ん） | 5 | （現　　金） | 205 |

5　債務者（他人資本利子）や株主（自己資本利子）に帰属する前の利益，資本コスト控除前当期純利益を，「企業体利益」と表示している。

6　簿記の精算表が正しく，この構造を表しており，損益勘定が先行し，残高勘定（閉鎖残高勘定）が最後に来る。

7　ここでの，「企業体利益」とは，企業への資本提供者を外部者と考えた企業自体が産み出した成果である。支払利子や配当金は外部者への成果の分配と考える。「株主利益」とは，企業体利益から他人資本利子を控除した企業の所有者たる株主に帰属する利益，株主が処分できる利益である。最後に，「企業利益」は，株主利益から株主の取り分，配当金を控除した後，企業に残された，企業自体が利用できる利益，外部者（資金提供者）から独立して処理できる利益額である。

8　昭和38年修正前の企業会計原則・注解【注13】。

〈参考文献〉

　岩田巌『利潤計算原理』同文舘，昭和58年，とくに，第7章，第8章。

第2章

日本基準の財務諸表の
例示と解説

Summary 税法により求められる，原則，国家向けの会計報告書すなわち納税申告書を別として，公表制度として，ルーティンな会計報告書を要求している法律は2つある。1つは会社法，もう1つは金融商品取引法である。本章では，会社法と金融商品取引法でそれぞれどのような目的でどのような会計報告書が求められているかを概説した上で，とくに金融商品取引法で求められる連結財務諸表について，実務上，どのような観点で読み解かれるべきかを説明する。

 わが国の会計制度

⑴ 会社法と計算書類

　会社法による会計では，株式会社において，会社に資本を提供した債権者ならびに株主の保護が主たる目的とされ，会計の機能として，債権者と株主の間の利害調整の機能が重視されている。この表れとして，債権者保護の観点からは，社外に資産の流出を生じさせる配当可能利益の算定が規定（法第446条，第458条）されている。一方，株主保護の観点からは，株主総会で，株主が配当を始めとして剰余金の処分などを決定したり（自益権の行使），今後の運営の方針を決定する（共益権の行使）資料とする会計報告書に対する決算承認を求めている（法第437条，第438条）。会社法の会計報告書はとくに「計算書類」と呼ばれる（法第435条2項）。

　これらの目的を達成するため，株式会社では，計算書類として，貸借対照表，損益計算書，株主資本等変動計算書，個別注記表が，附属の書類として有形固定資産及び無形固定資産の明細，引当金の明細，販売費及び一般管理費の明細からなる附属明細書が求められる。また，必要最低限の会計計算規定（法第431〜第465条）が設けられ，これを補足する省令すなわち「会社計算規則」が設けられている。なお，我々がこれらの情報に接するには，一般には，株主になる必要がある。

(2) 金融商品取引法と財務諸表

　金融商品取引法では，株式を公開している会社や，社債など一定額以上の有価証券を発行・募集する株式会社を対象とし，投資家（現在の株主や社債権者のみではなく，広く，将来，株式や社債券を購入しようとし興味を持っている人も含む）保護を目的として，投資判断に必要な財政状態や経営成績の開示の仕方を定めている。この制度では，会社法の計算書類とは別に「有価証券報告書」（上場している会社の場合）または「有価証券届出書」（上場を申請する会社の場合）を作成して内閣総理大臣に提出することを定めており，「有価証券報告書」および「有価証券届出書」の中では「経理の状況」すなわち会計報告書を載せることが要求されている（法第5条，第24条）。ここで，経理の状況を示す会計報告書は「財務諸表」と呼ばれる。

　さらに，金融商品取引法の第193条では，「この法律の規定により提出される貸借対照表，損益計算書その他の財務計算に関する書類は，内閣総理大臣が一般に公正妥当であると認められるところに従って内閣府令で定める用語，様式及び作成方法により，これを作成しなければならない」とされており，様式等が，「連結財務諸表規則」「四半期連結財務諸表規則」「財務諸表等規則」に定められている。

　その中，これから解説する連結財務諸表に関わる「連結財務諸表規則」では，会計報告書たる連結財務諸表として，連結貸借対照表，連結損益計算書・連結包括利益計算書（または連結損益及び包括利益計算書），連結株主資本等変動計算書，連結キャッシュ・フロー計算書および連結附属明細表の作成が要求されている。附属明細表には，社債明細表，借入金等明細表および資産除去債務明細表がある。これら財務諸表は報告式によることになっており，会社計算規則がとくに様式を定めていないのと対照的である。このため，計算書類では，勘定式の書類が提示されることが多い。なお，財務諸表は前年度の数値も記載され，趨勢分析ができるようになっている。

　有価証券報告書，有価証券届出書は公表されており（金融庁EDINETまたは会社のホームページ），誰でもアプローチできる。したがって，本書が扱うのは，この中の連結情報である。

 財務諸表の例示と見方

(1) 連結貸借対照表

　資産・負債の計算が会計をリードするのが資産負債アプローチだとすれば，連結財務諸表の核となるのは連結貸借対照表である。連結貸借対照表は，資産と負債，純資産を表示する会計報告書であり，企業集団の一時点における財政状態を明らかにする役割を持つ。連結貸借対照表の様式は**図表2-1**のとおりである（152ページも参照）。

① 連結貸借対照表項目の表示
貸借対照表は原則として，項目を流動性の高いものから順に配列する流動性配列法[1]に従って表

［図表2-1］ 連結貸借対照表（様式第四号）

	前連結会計年度	当連結会計年度
資産の部		
流動資産		
現金及び預金	290	370
受取手形及び売掛金	150	200
貸倒引当金	△10	△10
受取手形及び売掛金（純額）	140	190
たな卸資産	100	120
流動資産合計	530	680
固定資産		
有形固定資産		
建物及び構築物	790	850
減価償却累計額	240	350
建物及び構築物（純額）	550	500
無形固定資産		
ソフトウェア	50	40
無形固定資産合計	50	40
投資その他の資産		
投資有価証券	100	120
繰延税金資産	50	60
投資その他の資産合計	150	180
固定資産合計	750	720
繰延資産		
社債発行費	30	20
繰延資産合計	30	20
資産合計	1,310	1,420
負債の部		
流動負債		
支払手形及び買掛金	70	100
短期借入金	50	50
流動負債合計	120	150
固定負債		
長期借入金	310	300
社債	270	250
退職給付に係る負債	80	100
資産除去債務	20	30
固定負債合計	680	680
負債合計	800	830
純資産の部		
株主資本		
資本金	250	250
資本剰余金	150	150
利益剰余金	100	150
自己株式	△40	△43
株主資本合計	460	507
その他の包括利益累計額		
その他有価証券評価差額金	15	30
その他の包括利益累計額合計	15	30
新株予約権	5	10
非支配株主持分	30	43
純資産合計	510	590
負債純資産合計	1,310	1,420

示される。これにより，資産は，流動資産，固定資産の順に表示され，負債は流動負債，固定負債の順に，そして負債に続いて純資産が配列される。なお，資産には繰延資産が制度上，特別な資産として計上される（実務対応報告第19号「繰延資産の会計処理に関する当面の取扱い」）。

　ここで用いられる流動・固定の分類基準として，営業活動に関わる資産・負債に適用される営業循環基準（正常営業循環基準[2]）と，それ以外の活動に関わる資産・負債に適用される1年基準がある。営業循環基準とは，材料や商品の取得活動から始まり製造および販売活動を経て現金回収までの営業取引過程を営業循環と考え，この循環内に費消ないし販売される資産または支払われる負債を流動項目と考える方法である。一方，1年基準とは，貸借対照表日（決算日）の翌日から起算して1年以内に入金または支払いの期限が到来するものを流動項目と扱う方法である。わが国では，営業循環基準あるいは1年基準のいずれかで流動項目に該当すると判断されるものを流動項目として扱う。

②　連結貸借対照表の見方

《基本的考え方》

　連結貸借対照表項目のうち資産の評価は，企業活動への関わり方（機能[3]）を意識して行われる。取得した資産のうち，事業に利用する目的で取得した事業資産は，取引の際に要した価額すなわち取得原価で評価されるのが原則である。資産負債アプローチの下では，これに，事業資産の企業活動への関わり方によって決められる現在価値を示す修正が行われるのが原理的な考え方である。一方，換金に何らの制約もない金融資産は，原則として時価評価が行われる。

　以下，主な資産の価額決定のされ方について説明する。

《売上債権（売掛金，受取手形）》

　売上債権は，金銭債権であり，取引価額から貸倒れの見積りに基づいて算定された貸倒引当金を控除した金額つまり回収可能額を貸借対照表価額とする。

　なお，同じく金銭債権である貸付金なども同じ手続により貸借対照表価額が決められる。

《棚卸資産》

　棚卸資産の例として，商品や製品・材料等が挙げられる。ここでは，会計手続として，数量の算定と単価の決定が価額決定の論点となる。

　数量の算定には，継続記録法と棚卸法がある。継続記録法とは，受入れ・払出しを継続的に記録することにより，1期間の消費数量および期末の理論数量を把握する方法である。一方，棚卸法とは，実地調査を行い，期末の現物の実際数量を把握する方法である。実務上，重要な棚卸資産は，継続記録法で払出数量を把握した上で，棚卸法により期末実際数量を算定する方法が用いられ，貸借対照表価額は期末の実際数量に裏付けられたものとなる[4]。実際数量による裏付けがある点が次の固定資産との違いとなる。

　次に，払出単価であるが，先入先出法，平均原価法等の方法により，一定の仮定に基づき，受入

れ，払出しを行ったと仮定し，取得原価に基づき，期末棚卸資産の評価額を決定している。しかし，その上で，正味売却価額が取得原価よりも下落している場合には，当該正味売却価額をもって貸借対照表価額とされる（企業会計基準第9号「棚卸資産の評価に関する会計基準」）。この考え方は，将来の経済的便益に基づいて資産を評価する方法であり，資産負債アプローチの考え方を踏まえている。つまり，貸借対照表価額は取得原価による評価額を上限とする正味売却価額で評価されることになるため，正味売却収入（回収可能性）は保証されている。

《固定資産》

　固定資産（投資その他の資産を除く）は，利用することにより収益を獲得することを目的とするため，取得原価を利用する期間すなわち耐用年数に渡り，一定の仮定に基づいて減額させることを原則とする。つまり，棚卸資産のように期末の実際数量は問題とされない。具体的には，取得原価を耐用年数に計画的・規則的に配分する定額法や定率法などの減価償却計算を行い，当期の費用すなわち減価償却費を決め，この減価償却費の累計額控除後の残高を貸借対照表価額とする。これは，損益計算（費用計算）の観点から合理的とされる処理である。

　しかし，投資額の回収の見込めない収益性の低下した固定資産については，回収が可能と考えられる価額まで帳簿価額（減価償却累計額控除後残高）を切り下げ，差額を減損損失として認識しなくてはならない（企業会計審議会「固定資産の減損に係る会計基準」）。この考え方もまた，将来の経済的便益に基づいて資産を評価する方法であり，資産負債アプローチの考え方と整合する。つまり，固定資産の貸借対照表価額は取得原価による未償却残高を上限とする回収可能価額で評価されることになるため，回収可能性は保証されている。

　さらに，とくに有形固定資産の場合には，法的に要請される条件付きではあるが，除去に伴う費用の現在価値すなわち資産除去債務と同額を取得原価に加算することが求められる（企業会計基準第18号「資産除去債務に関する会計基準」）。減価償却は取得原価に資産除去債務を加算した価額により行われる。この場合の貸借対照表価額は，取得原価に将来除去費用を加算した未償却残高を上限とする回収可能価額で評価される。

《有価証券》

　有価証券は，企業会計基準第10号「金融商品に関する会計基準」において，その属性または保有目的によって，売買目的有価証券，満期保有目的の債券，子会社株式および関連会社株式，その他有価証券の4つに分類され，それぞれの貸借対照表価額および評価差額等の処理方法が次ページの**図表2-2**のように定められている。

《税効果会計と繰延税金資産》

　税効果会計は「法人税その他利益に関連する金額を課税標準とする税金（以下「法人税等」という。）の額を適切に期間配分することにより，法人税等を控除する前の当期純利益と法人税等を合理的に対応させること」を目的とする（企業会計審議会「税効果会計に係る会計基準」）。具体的には，企業会計上の資産または負債の額と，課税所得計算上の資産または負債の額の相違のうち，将来におい

[図表2-2] 有価証券の貸借対照表価額および評価差額の処理法

	貸借対照表価額	評価差額の処理
売買目的有価証券	時価	当期の損益
満期保有目的の債券	償却原価	当期の損益
子会社株式及び関連会社株式※1	取得原価	評価差額は生じない
その他有価証券	時価	純資産の部※2

※1 連結財務諸表では，子会社株式による投資は，子会社の資本と相殺消去されることになり，関連会社株式も持分法が適用されることになるが，この表では，基本的な考え方を示し，子会社株式，関連会社株式について個別財務諸表での扱いを示す。

※2 差額をまとめて純資産の部に計上する方法を全部純資産直入法という。なお，時価が取得原価を上回る銘柄に関する評価差額は純資産の部に計上し，時価が取得原価を下回る銘柄に係わる評価差額は当期の損失（損益計算書に計上）として処理する部分純資産直入法を用いることもできる。

て解消可能な一時差異で，将来の税額を減少させる一時差異の金額については繰延税金資産を計上することになる。

たとえば，当期の貸倒引当金 100のうち 40の計上について，会計上見積りが合理的にもかかわらず税務上の損金算入が認められず，翌期に当該損失が発生した場合，40の税務上の損金算入と，これをカバーする十分な課税所得の発生が認められる場合には，当該 40の一時差異は，翌期の税額を「40×法定実効税率」だけ減少させる効果がある。すなわち，これだけ税負担を少なくする経済的便益があるといえる。そのため，「40×法定実効税率」の金額を当期に資産つまり繰延税金資産として計上する。

ここで「繰延税金資産については，将来の回収の見込みについて毎期見直しを行わなければならない」「繰延税金資産又は繰延税金負債の金額は，回収又は支払が行われると見込まれる期の税率に基づいて計算するものとする」（企業会計審議会「税効果会計に係る会計基準」）とされ，あくまで将来の減税効果（経済的便益）に基づいて計上される。この処理も資産負債アプローチの考え方を重視した処理である。

繰延税金資産は将来，課税所得いわば利益が計上されなければ回収されることはない。ここで，会計上，税務上の引当損を超えて引当金を積み増すということは繰延税金資産の計上につながるが，これは同時に当該債権を不良債権と認識したことでもある。このような債権が多いことは当該企業の経営成績を悪化させる可能性が高い点に注意する必要がある[5]。

《繰延資産》

繰延資産は，将来の期間に影響する特定の費用（支出）をいい，次期以後の期間に配分して処理するために経過的に，貸借対照表の資産の部に計上するものである。これは株式交付費，社債発行費，創立費，開業費，開発費の5項目に限定されており（実務対応報告第19号「繰延資産の会計処理に関する当面の取扱い」），償却期間と償却方法は次の**図表2-3**のように規定されている。

実務上，**図表2-3**のような対応が示されているが，繰延資産の計上はあくまで適正な期間損益計算を目的として行われるため，将来の経済的便益を基礎とする資産負債アプローチに厳密に基づいた場合には，この資産は資産の要件を満たさず，計上されなくなる点に留意が必要であり，また，

[図表2-3] 繰延資産の償却期間および償却方法

項　　　目	償却期間	償却方法
株式交付費	株式交付の時から3年以内のその効果の及ぶ期間	定額法
社債発行費	社債の償還までの期間	利息法（定額法）
創立費	会社成立の時から5年以内のその効果の及ぶ期間	定額法
開業費	開業の時から5年以内のその効果の及ぶ期間	定額法
開発費	支出の時から5年以内のその効果の及ぶ期間	定額法

実際の貸借対照表で見ることは少ない。

《仕入債務（買掛金，支払手形），借入金，社債》

　買掛金や借入金，社債およびその他の債務は通常，債務額（券面額）をもって貸借対照表価額とされる。借入金など債務からの収入に基づく金額と債務額（券面額すなわち将来の支出額）とが異なる場合には，償却原価法に基づいて算定された価額をもって貸借対照表価額とする。つまり，現在の（計算上の）返済ないし履行価額によって評価される。これが債務の原則的な評価基準である。

《引当金》

　引当金は会計慣行の中から生み出されてきたものであり，第一義的に適正な期間損益計算を行うために設定される会計上の負債であると解釈されてきた。これらは，損益計算上の性質からは，費用性引当金，損失性引当金，収益控除性引当金に分類される。

　一方，貸借対照表上の扱いでは，評価性引当金と負債性引当金に大別され，評価性引当金は資産の控除項目として表示され，負債性引当金は負債として計上される。後者は，法的債務性のある負債性引当金と法的債務性のない負債性引当金とに分類される。たとえば，次の**図表2-4**で例示した退職給付引当金は，当期の労働の対価として費用計上されるうえに，就業規則等に基づいて従業員に退職後の給付を行うことを約束しており，当該企業にとって法的債務性があるといえる。つまり，企業外部の第三者への履行を約束したものである。他方，修繕引当金は，使用に基づく必要コストとして費用計上されるが，企業自身が履行の意思決定をするものであり，いわば企業内部のものであり，法的債務性はない。

　ここで，資産負債アプローチを貫くのであれば，債務性のない引当金の計上は負債の定義を厳密には満たさないことから疑問視されることになるが，現行会計には，期間損益計算の視点も取り入れられており，また，将来の支出が予定されていることから，債務性のない引当金も，貸借対照表に計上されている。なお，評価性引当金は当該資産の期末時点の価額を表示する機能を持っている。

《資産除去債務》

　資産除去債務は「有形固定資産の取得，建設，開発又は通常の使用によって生じ，当該有形固定資産の除去に関して法令又は契約で要求される法律上の義務及びそれに準ずるもの」をいう（企業会計基準第18号「資産除去債務に関する会計基準」）。資産除去債務は，有形固定資産の除去に伴う支

[図表２-４] 引当金の分類

科　　目	損益計算上の考え方	貸借対照表での扱い
貸倒引当金	費用性	評価性
退職給付引当金／退職給付に係る負債※	費用性	負債性（債務性あり）
賞与引当金	費用性	負債性（債務性あり）
修繕引当金	費用性	負債性（債務性なし）
債務保証損失引当金	損失性	負債性（債務性あり）
売上割戻引当金	収益控除性	負債性（債務性あり）
返品調整引当金	収益控除性	負債性（債務性あり）

※退職給付引当金は個別企業とその従業員との労働契約に基づく引当金である。この引当金は連結体の
　引当金ではない。したがって，連結では，退職給付に係る負債と表示される。

出の不可避的な義務に対応して計上される負債であり，いわば外部負債である。これは資産負債ア
プローチに基づいて求められる負債であるといえる。

　資産除去債務は，有形固定資産の除去に要する支出額を見積もり，割引後の金額（現在価値）で
計上する。なお，債務を現在価値で評価するということは，毎期，現在価値を増加させる費用（利
息費用）が発生することを意味する。

《繰延税金負債》

　これは税法上の負担に比べて，税率に基づく会計上の負担が大きい場合，たとえば会計上，有価
証券の評価益を計上したにもかかわらず，税法上，この評価益の計上をする必要がなかった場合，
翌期以降，評価益が実現した時に備えて（経済的便益のマイナスとして）計上するものである。

　前掲の繰延税金資産で述べたように，税効果会計の適用により繰延税金負債が計上される。ここ
で，負債一般がマイナスのイメージを持つにもかかわらず，この負債については会計上の収益を予
測しているものがほとんどであり，企業にとって好ましい事象に基づいている点に注意を要する。

《純資産の部》

　第１章１(2)で説明したように，会計理論上，純資産は個々の資産価額合計から個々の負債価額合
計を控除した差額にすぎない。しかし，制度上，純資産の部は，株主資本（親会社の株主資本），
その他の包括利益累計額，新株予約権，非支配株主持分に大別して表示することが求められている。
これについては，連結株主資本等変動計算書のところで詳細に触れることとする。

(2)　連結損益及び包括利益計算書

　連結損益及び包括利益計算書は，第１章２(2)で説明したように，企業集団の資産・負債の増減の
結果を報告する計算書である。従来は，事業活動に関わる資産・負債の増減のみを表示する連結損
益計算書[6]だけで十分とされていたが，資産負債アプローチの徹底により，すべての資産・負債の
増減変動（報告主体の所有者との直接的な取引によらない部分）を計算する包括利益が最終利益と
なった。この包括利益に達するまでに，事業活動に関わる資産・負債の増減の合計計算値である当

期純利益を計算する連結損益計算書と当期純利益から包括利益に至る過程を示した連結包括利益計算書とを分けて開示する2計算書方式と，連結損益及び包括利益計算書としてまとめて開示する1計算書方式と2つの開示法が認められている。ここでは，実務で多い2計算書方式により説明する。

①　連結損益計算書

　わが国の連結損益計算書では，売上高を出発点として，各段階の利益を算定しながら，最終的には当期純利益とその内訳が示される。その様式は**図表2-5**のとおりである（153ページも参照）。

　「売上高」は役務提供の完了と対価の確定の2要件を満たした時点（投資のリスクから解放された時点）で認識し計上される[7]。また，「売上原価」は商品・製品の減少として認識され，その金額決定において既述のように評価損も加算される。「売上高」と「売上原価」の差額として「売上総利益」，すなわち，販売活動による直接的な純資産の増加額が計算される。

　続く「販売費及び一般管理費」のうち，販売費は売上高の増加に寄与する費用すなわち資産の減少・負債の増加であり，一方，一般管理費は，企業全般にわたる管理活動には必要であるが，売上高の増加に直接寄与するとはいえない費用すなわち資産の減少・負債の増加である[8]。「売上総利益」から，この「販売費及び一般管理費」を控除して「営業利益」が計算される。これにより，「営業利益」は当期の全般管理活動を含む広義の営業活動にかかわる純資産の増加額を表す。

[図表2-5] 連結損益計算書（様式第五号）

	前連結会計年度	当連結会計年度
売上高	1,300	1,400
売上原価	800	920
売上総利益	500	480
販売費及び一般管理費	400	350
営業利益	100	130
営業外収益		
受取利息	5	10
営業外収益合計	5	10
営業外費用		
支払利息	10	5
社債発行費償却	10	10
営業外費用合計	20	15
経常利益	85	125
特別利益		
固定資産売却益	10	5
特別利益合計	10	5
特別損失		
減損損失	20	10
特別損失合計	20	10
税金等調整前当期純利益	75	120
法人税，住民税及び事業税	45	50
法人税等調整額	△20	△10
法人税等合計	25	40
当期純利益	50	80
非支配株主に帰属する当期純利益	10	10
親会社株主に帰属する当期純利益	40	70

　「営業外損益項目」には，主目的である広義の営業活動から生じる損益つまり資産・負債の増減ではない，日々の活動によって発生する資産・負債の増減の原因である損益が計上される。収益費用として共通なのは，余裕資金とくに金融資産・負債の運用によるものである。一方，営業外費用として重要なものが，資金調達活動による費用，利子である。これを見ることにより，企業の外部資金への依存度が明らかになる。「営業利益」から「営業外損益項目」が加減され，「経常利益」すなわち特別・例外的な事象によらない純資産の増加額が計算される。

　「特別損益項目」としては，固定資産の減損損失や例外的な事象による固定資産の売却による損益[9]，投資有価証券の売却損益，災害による損失等の臨時損益が計上される[10]。「経常利益」から「特別損益項目」が加減され，「税金等調整前当期純利益」が計算される。

　「税金等調整前当期純利益」は税金の影響を受けない全企業活動に基づく純資産の増加額である。しかし，制度上，企業は税金も必要費用として負担しなければならない。企業の最終的な純資産の増加額を算定するためには，税法により求められる「法人税，住民税及び事業税」を控除する必要がある。ここで，繰延税金資産負債の説明で述べたように，「税法」と「企業会計」に収益・費用の認識測定上の相違があるために，税法により計算された「法人税，住民税及び事業税」は会計上の当期純利益により計算した税負担額と対応しない。そこで，会計上の税負担額を計算するために，税効果会計で述べた会計上の税負担額を計算する「法人税等調整額」を計上する。「法人税，住民税及び事業税」にこの調整額を加減した合計額が「法人税等」として表示される。これが会計上の税負担額である。結果，計上されるのが「当期純利益」である。これは子会社の非支配株主も含む企業集団全体の株主の利益である。

　「当期純利益」の下にはその内訳が示されているが，これは「当期純利益」から子会社の非支配株主に帰属する利益たる「非支配株主利益」を控除し，企業集団の支配株主の利益たる「親会社株主に帰属する当期純利益」が損益計算書上の最終利益として計算されているとみることができる。なお，このようにみた場合，非支配株主"利益"は，支配株主にとっては非支配株主へ分配すべきものであり，利益という表現がされているが　マイナス要素であることに注意すべきである。

②　連結包括利益計算書

　親会社に帰属する当期純利益は（親会社株主の）繰越利益剰余金に加算され，会社法上，利益処分とりわけ社外流出の対象となる。これに対し，その他有価証券評価差額金，繰延ヘッジ損益，為替換算調整勘定など，処分可能利益とするには問題のある項目が存在する。資産負債アプローチでは，論理的（第1章参照）に，これらの項目も利益としなければならない。そこで作成されるのが連結包括利益計算書（**図表2-6**）である。これは，当該企業集団の持分所有者に帰属させない，調整項目を含む広義の損益のみを収容し，企業集団の特定期間において認識されたすべての純資産の変動額を示す利益を計算するものである。なお，当該企業集団の純資産に対する持分所有者には，当該親会社の株主の他，新株予約権の所有者，当該集団の子会社の非支配株主（少数株主）も含まれる。

　連結包括利益は「当期純利益」に当期純利益計算には反映されずに純資産を変動させるその他有価証券評価差額金，繰延ヘッジ損益，為替換算調整勘定等を加減する形で算定される。これにより，

[図表2-6] 連結包括利益計算書（様式第五号の二）

	前連結会計年度	当連結会計年度
当期純利益	50	80
その他の包括利益		
その他有価証券評価差額金	10	20
その他の包括利益合計	10	20
包括利益	60	100
（内訳）		
親会社株主に係る包括利益	48	85
非支配株主に係る包括利益	12	15

企業集団に属する事業体の親会社株主および非支配株主を含むすべての株主の持分の変動額が計算される。

(3)　連結株主資本等変動計算書

　連結株主資本等変動計算書は，純資産の変動を項目別に示すものであり，その項目は「株主資本」「その他の包括利益累計額」「新株予約権」「非支配株主持分」からなる。連結株主資本等変動計算書の様式は**図表2-7**のとおりである。

　「株主資本」には，当該企業集団の親会社株主との直接的な取引による純資産の変動が記載される。具体的には，新株の発行による増資取引や配当ないし「自己株式」の取得などが該当する。また，当期に稼得した「親会社株主に帰属する当期純利益」も純資産の増加要因として当該箇所に記載される。

　「株主資本」以外の項目は，その変動額の純額が一括して計上される。まず，「その他の包括利益累計額」には，その他の包括利益の発生額のうち親会社株主に係る金額とその残高が記載される[11]。また，「新株予約権」には，新株予約権の発行取引および予約権の実行など新株予約権保有者との取引による純資産への影響が計上される。さらに，「非支配株主持分」には，子会社の非支配株主の持分を増減させる取引が記載される。具体的には，非支配株主に係る包括利益の発生による純資産の変動や増減資等に伴う非支配株主の持分の変動が含まれる。

(4)　連結キャッシュ・フロー計算書

　連結キャッシュ・フロー計算書は，「営業活動によるキャッシュ・フロー」「投資活動によるキャッシュ・フロー」「財務活動によるキャッシュ・フロー」の3区分からなり，これらから，現金及び現金同等物の期中増減高を計算し，さらに期首有高を加え，最終的に現金及び現金同等物の期末有高を計算するものである。ここで，現金とは「手許現金及び要求払預金」，現金同等物は「容易に換金可能であり，かつ，価値の変動について僅少なリスクしか負わない短期投資」とされ，貸借対照表項目との関連性を求めることはできない[12]。そのため，現金及び現金同等物の内容は注記することになっている。また，投資活動による受取利息と受取配当金と，財務活動による支払利息の計上について，これらを営業活動によるキャッシュ・フローの部に計上する方法と，それぞれ投資活動，財務活動によるキャッシュ・フローの部に計上する方法の2つの方法が認められている。

[図表2-7]　連結株主資本等変動計算書（様式第六号）

前連結会計年度

| | 株主資本 | | | | | その他の包括利益累計額 | | 新株予約権 | 非支配株主持分 | 純資産合計 |
	資本金	資本剰余金	利益剰余金	自己株式	株主資本合計	その他有価証券評価差額金	その他の包括利益累計額合計			
当期首残高	250	150	80	△35	445	7	7	–	20	472
当期変動額										
剰余金の配当			△20		△20					△20
親会社株主に帰属する当期純利益			40		40					40
自己株式の取得				△5	△5					△5
株主資本以外の項目の当期変動額(純額)						8	8	5	10	23
当期変動額合計	–	–	20	△5	15	8	8	5	10	38
当期末残高	250	150	100	△40	460	15	15	5	30	510

当連結会計年度

| | 株主資本 | | | | | その他の包括利益累計額 | | 新株予約権 | 非支配株主持分 | 純資産合計 |
	資本金	資本剰余金	利益剰余金	自己株式	株主資本合計	その他有価証券評価差額金	その他の包括利益累計額合計			
当期首残高	250	150	150	△40	460	15	15	5	30	510
当期変動額										
剰余金の配当			△20		△20					△20
親会社株主に帰属する当期純利益			70		70					70
自己株式の取得				△3	△3					△3
株主資本以外の項目の当期変動額(純額)						15	15	5	13	33
当期変動額合計	–	–	50	△3	47	15	15	5	13	80
当期末残高	250	150	150	△43	507	30	30	10	43	590

　企業会計審議会が公表した「連結キャッシュ・フロー計算書等の作成基準」によれば，営業活動によるキャッシュ・フローの区分には「営業損益計算の対象となった取引のほか，投資活動及び財務活動以外の取引によるキャッシュ・フローを記載する」（下線—筆者）とあり，キャッシュ・フロー計算書を考える上では，財務活動と投資活動とが最初に決まり，これに含まれないその他の項目を包含する形で，営業活動が定まっている。すなわち，損益計算書の営業とは異なり，営業として純粋な概念ではない点に注意しなければならない。投資活動および財務活動以外で，損益計算書の“営業”とは異なり，「営業活動によるキャッシュ・フロー」の区分に含まれる例としては，災害による保険金収入，損害賠償金の支払い，リストラなど巨額の特別退職金の支給，法人税の支払額など

が挙げられる。

　「営業活動によるキャッシュ・フロー」は，企業が外部からの資金調達に頼ることなく，事業能力を資金的に維持でき，かつ，新規投資を行ったり借入金を返済したり配当金を支払うために，どの程度の資金を事業活動から獲得したかを示す主要な情報になるといえる。なお，その表示方法には直接法と間接法がある。直接法は，営業収入，原材料または商品の仕入れによる支出等，主要な取引ごとにキャッシュ・フローを総額表示・計算する方法である。間接法は，税金等調整前当期純利益に，非資金損益項目，営業活動に係る資産および負債の増減を加減算して「営業活動によるキャッシュ・フロー」を表示・計算する方法である。わが国の実践では，間接法，受取利息・配当金および支払利息を営業活動によるキャッシュ・フローの部に計上する方法が主流になっている。そのため，**図表２-８**では間接法によるキャッシュ・フロー計算書を例示している。

　「投資活動によるキャッシュ・フロー」では，将来の利益獲得ないし資金運用のために，どこにどの程度の資金を投資つまり支出したか，ならびに，この活動からいくら回収したかを示す。つまり，この区分には，①有形固定資産および無形固定資産の取得および売却，②資金の貸付けないし回収，③現金同等物に含まれない売買目的有価証券および投資有価証券の取得および売却等の取引に係るキャッシュ・フローが計上される。

　最後に，「財務活動によるキャッシュ・フロー」は，営業活動および投資活動を維持するためにどの程度の資金が調達または返済されたかを示す情報となる。この区分には，①借入れおよび株式または社債の発行による資金の調達，ならびに，②借入金の返済，自己株式の取得および社債の償還等の取引に係るキャッシュ・フローが計上される。

　キャッシュ・フロー計算書においては，事業活動で得た現金のうち企業が自由に使うことのできる金額である「フリー・キャッシュ・フロー」（FCF—free cash flow—）を計算することが重要である。フリー・キャッシュ・フローは営業活動からのキャッシュ・フローと投資活動からのキャッシュ・フローを加算して算定される。フリー・キャッシュ・フローが黒字だと，これを，配当を始め借入金の返済など，次の財務活動によるキャッシュ・フローに充てることができ，さらに事業の拡大にも利用できる。すなわち，自由な財務・投資戦略を立案することができる。

⑸　連結附属明細表

　貸借対照表に計上されるいくつかの項目には明細表が作成される。この連結附属明細表としては，社債明細表と借入金等明細表，資産除去債務明細表がある。いずれも負債項目の明細であり，その雛形は**図表２-９**に示している。

　社債と借入金については，連結決算日後５年以内の各年ごとの償還および返済予定額の記載も要求される。これらの情報が要求されるのは，金融商品取引法が第一の情報提供対象者とする投資家にとって，金融債務をいつ，返済する必要があるのか等の財務戦略の状況把握が企業の将来を予測する上で有用な情報であるためと考えられる。また，会社債権者の保護や取引の安全性確保の観点からも，同様の情報提供がとくに重要であるためとも考えられる。資産除去債務については「有形固定資産の取得，建設，開発又は通常の使用によって生じ，当該有形固定資産の除去に関して法令又は契約で要求される法律上の義務及びそれに準ずるもの」（企業会計基準第18号「資産除去債務に

[図表2-8] 連結キャッシュ・フロー計算書（様式第八号）

	前連結会計年度	当連結会計年度
営業活動によるキャッシュ・フロー		
税金等調整前当期純利益	75	120
減価償却費	80	110
固定資産売却損益	△10	△5
減損損失	20	10
貸倒引当金の増減額	5	0
退職給付引当金の増減額	10	20
受取利息及び受取配当金	△5	△10
支払利息	10	5
社債発行費償却	10	10
売上債権の増減額	△30	△50
たな卸資産の増減額	△10	△20
仕入債務の増減額	20	30
その他	10	△5
小計	185	215
利息及び配当金の受取額	5	10
利息の支払額	△10	△5
法人税等の支払額	△45	△50
営業活動によるキャッシュ・フロー	135	170
投資活動によるキャッシュ・フロー		
有形固定資産の取得による支出	△150	△100
有形固定資産の売却による収入	30	45
投資有価証券の取得による支出	△50	－
その他	15	5
投資活動によるキャッシュ・フロー	△155	△50
財務活動によるキャッシュ・フロー		
長期借入れによる収入	70	90
長期借入金の返済による支出	△60	△100
社債の発行による収入	40	50
社債の償還による支出	△30	△60
自己株式の取得による支出	△5	△3
配当金の支払額	△30	△20
非支配株主に対する配当金の支払額	△2	△2
その他	△3	5
財務活動によるキャッシュ・フロー	△10	△40
現金及び現金同等物の増減額	△30	80
現金及び現金同等物の期首残高	320	290
現金及び現金同等物の期末残高	290	370

関する会計基準」）であり，将来のキャッシュ・アウトに関する情報であるという面で将来の財務戦略への有用な情報となる。

　なお，第1章1(2)で述べたように，資産負債アプローチの下では負債の質が重要である。これらの情報を提供することは，この観点とも整合する。いずれにせよ，将来の資産の流出の情報は企業の安全性の判定のために必要である。

［図表2-9］連結附属明細表

【社債明細表】（様式第九号）

会社名	銘柄	発行年月	当期首残高	当期末残高	利率	担保	償還期限
A社	第1回担保付普通社債	平成27年11月6日	×××	×××	1%	担保付社債	令和4年10月31日
B社	第2回担保付普通社債	平成29年8月1日	×××	×××	2%	担保付社債	令和6年7月31日
合計	－	－	×××	×××	－	－	－

連結決算日後5年内における1年ごとの償還予定額の総額

1年以内	1年超2年以内	2年超3年以内	3年超4年以内	4年超5年以内
×××	×××	×××	×××	×××

【借入金等明細表】（様式第十号）

区分	当期首残高	当期末残高	利率	返済期限
短期借入金	×××	×××	1.5%	令和2年12月31日
一年以内に返済予定の長期借入金	×××	×××	1.8%	令和2年10月30日
長期借入金（1年以内に返済予定のものを除く）	×××	×××	… …	令和4年3月31日 ⋮
その他有利子負債	×××	×××	…	…
合　　計	×××	×××	－	－

長期借入金及びリース債務（1年以内に返済予定のものを除く）の連結決算日5年以内における1年ごとの返済予定額の総額

区分	1年超2年以内	2年超3年以内	3年超4年以内	4年超5年以内
長期借入金	×××	×××	×××	×××
リース債務	×××	×××	×××	×××

【資産除去債務明細表】（様式第十一号）

区分	当期首残高	当期増加額	当期減少額	当期末残高
不動産賃貸借契約に伴う原状回復義務	20	15	5	30

（注）

1　電気事業など，固定資産と固定負債が企業活動にとって重要な企業では，固定資産と負債から配列する固定性配列法が採用されている。

2　正常営業循環基準とは，正確には，営業循環に要する正常な期間を決め，この期間中にある資産負債を流動とする基準であり，一方，営業循環基準とは，機能上，営業循環の中にある資産負債を流動とする基準であり，意味合いが異なる。

3　資産は，形態により，貨幣性資産と非貨幣性資産に分けることもできる。

4　商品・製品に係る収益の認識基準が相手方の検収にある場合，発送され，手許にない商品・製品で

も検収されない限り，貸借対照表上，商品・製品として計上される。

5　たとえば，銀行での繰延税金資産の計上は不良債権の発生を意味することになる。また，その他有価証券に対応する繰延税金資産の計上は時価の低下の発生（値下がり）に基づくものであり，好ましいとは言えない。

6　収益費用アプローチの下では，「企業会計原則」にも見られるように，損益計算書は当期の企業活動の成果を示すものとされてきた（第1章2⑴を見よ）。

7　わが国では企業会計基準第29号「収益認識に関する会計基準」が2021年4月1日以後開始する連結会計年度の期首から適用されることになった。そこでは収益の認識を「契約の履行」で判断することが原則とされている。これにより，たとえば，これまでわが国では出荷基準が慣行であったが，今後は検収基準が採用されることになる。つまり，役務提供の完了が自社による出荷ではなく，相手側の検収に移ることになる。

8　損益計算書の表示では，販売費が先に，一般管理費が後に計上されるのが原則である。ただし，実務上，形態的分類により，たとえば，販売員の給料も本社管理部の給料も区別されず，また，販売用建物と管理用建物の減価償却費も区別されず，給料，減価償却費としてまとめて表示されることが一般的である。なお，連結損益計算書では，販売費及び一般管理費の内訳が開示されないことも多い。

9　例外的な固定資産売却損益とは，たとえば事業縮小等企業活動にとって特別な事象による固定資産の売却による損益を指す。一方，通常の使用終了による売却損益は営業損益として扱われる。資産負債アプローチの下では，単なる一固定資産の価値消滅とそれの対価としての資産（たとえば，現金）の増加の差額にすぎないからである。

10　従来は，前期損益の修正項目も当該区分に表示されていたが，企業会計基準第24号「会計上の変更及び誤謬の訂正に関する会計基準」の導入後は前期損益の修正項目は原則として修正再表示することになったため，当該区分には計上されなくなった。

11　連結包括利益計算書における「その他の包括利益」の金額には，非支配株主に係るものも含まれているのに対し，連結株主資本等変動計算書における「その他の包括利益累計額」の変動額には，非支配株主に係るものは含まれない。そのため，両者の金額には乖離が生じることになる。

12　たとえば，貸借対照表では，現金や現金同等物について一年基準が適用されるため，貸借対照表上，流動資産とされる満期3カ月以上の定期預金が，キャッシュ・フロー計算書では，現金同等物とはされない。

第3章

国際会計基準の財務諸表の
例示と解説

Summary　　資本市場の国際化は，会計報告および会計基準の国際化，共通化を要請する。この要請に応えるのが，いわゆる国際会計基準，正式には，IFRS（国際財務報告基準）である。わが国でも，海外市場に証券を上場している企業を中心に，IFRS適用会社が増えてきている。そこで，本章では，国際会計基準の財務諸表を取り上げる。財務諸表分析では，第5章以下の指標を使用するときには，目的に応じた財務諸表の組替が必要となる。とくにわが国基準の企業との比較を行うとき，国際会計基準による数値の意味のあらましを知っておくことが肝要である。

 国際会計基準：国際財務報告基準（IFRS）

⑴　国際財務報告基準（IFRS）の概要

①　国際財務報告基準（IFRS），いわゆる国際会計基準とは何か

　1973年，日米欧などの職業会計士団体の合意により，会計基準の国際的調和化を目指し，国際会計基準委員会（IASC：International Accounting Standards Committee）が発足する。このIASCにより順次，国際会計基準（IAS：International Accounting Standards）が制定された。しかし，IASCはイギリスを中心とする一民間団体であり，強制力を伴うことができなかったことから，IASは世界の実務界において広く適用されるには至らなかった。

　その後2001年，従来のIASCを改組し，各国の会計基準設定主体との関係性を強化して，関係する団体の拠出により，公益のため「高品質で，理解可能，かつ強制力のある国際的な財務報告基準の単一セットを開発すること」を主たる目的として，現在のIFRS財団（International Financial Reporting Standards Foundation）が設立された（2010年までは国際会計基準委員会財団（IASC Foundation）と称した）。

　このIFRS財団の傘下にIASCに代わる新たな設定機関たる国際会計基準審議会（IASB：International Accounting Standards Board）が発足する。このIASBにより設定される国際的な会計

基準を，国際財務報告基準（IFRS：International Financial Reporting Standards）と呼ぶ。次の図表は，いわゆる国際会計基準と基準を理解するために必要な指針を示したものである。

[図表3-1] IFRSs

略語	正式名称	日本での一般的呼称	設定主体
IAS	International Accounting Standards	国際会計基準	国際会計基準委員会（IASC）
IFRS	International Financial Reporting Standards	国際財務報告基準	国際会計基準審議会（IASB）
SIC	Standing Interpretations Committee	IAS解釈指針	IAS解釈指針委員会（SIC）
IFRS-IC（IFRIC）	IFRS Interpretations Committee	IFRS解釈指針	IFRS解釈指針委員会（IFRS-IC）

② IFRSの構成

　図表3-1で示したように，IFRSは，基準書とそれらの解釈指針から構成される。また，IASも，IFRSにより新しく廃止されない限り，基準書として現在も有効に扱われている。これらの基準書・解釈指針等を総称して，「IFRSs」と複数形で呼ばれることもある。

　IFRS自体は，現在第1号～第17号（有効数：16）が設定されており，IFRSの解釈指針としてIFRIC第1号～第23号（有効数：15）が設定されている。

　また，IASも，現在第1号～第41号（有効数：25）が残っており，IASの解釈指針としてSIC第7号～第32号（有効数：5）も残っている。これらを纏めると，**図表3-2**となる。

(2) IFRSの目的と特徴

　IFRSは，主な利用者として，現在および潜在的な投資者，融資者ならびにその他の債権者を想定している。これには，金融の国際化が進み，資金が各国を駆け巡るため，各国間の財務報告の比較可能性が必要になった背景がある。つまり，企業に対する投融資の意思決定を行うにあたって必要な情報を，IFRSにより提供することを目的としている。

　ここでの必要な情報とは，企業の正味将来キャッシュ・フローを評価するために役立つ情報であり，財政状態（経済的資源）と，それらの変動要素（経営成績及びそれ以外の経済的資源の増減要因）である。

　第1章で述べたように，国際会計基準は資産負債アプローチを採っている[注]。

　また，情報の作成のため，IFRSは，資産ならびに負債の評価において，公正価値を重視しているといわれる。「公正価値」とは，企業が，市場参加者間の秩序ある取引において，測定日時点で資産を売却するであろう価格，すなわち出口価格のことをいう。すなわち，公正価値は，企業にとっての価値ではなく，市場参加者の観点から見た価格である。ここに，IFRSの目的に沿った特徴が表れているといえよう。

　なお，公正価値といっても資産・負債により異なり，具体的には，取得原価も含み，棚卸資産の

[図表3-2] IFRS基準書一覧

IFRS（国際財務報告基準）基準書一覧

1号	国際財務報告基準の初度適用
2号	株式に基づく報酬
3号	企業結合
5号	売却目的で保有する非流動資産及び非継続事業
6号	鉱物資源の探査及び評価
7号	金融商品：開示
8号	事業セグメント
9号	金融商品
10号	連結財務諸表
11号	共同支配の取決め
12号	他の企業への関与の開示
13号	公正価値測定
14号	規制繰延勘定
15号	顧客との契約から生じる収益
16号	リース
17号	保険契約

IAS（国際会計基準）基準書一覧

1号	財務諸表の表示
2号	棚卸資産
7号	キャッシュ・フロー計算書
8号	会計方針，会計上の見積りの変更及び誤謬
10号	後発事象
12号	法人所得税
16号	有形固定資産
19号	従業員給付
20号	政府補助金の会計処理及び政府援助の開示
21号	外国為替レート変動の影響
23号	借入コスト
24号	関連当事者についての開示
26号	退職給付制度の会計及び報告
27号	個別財務諸表
28号	関連会社及び共同支配企業に対する投資
29号	超インフレ経済下における財務報告
32号	金融商品：表示
33号	1株当たり利益
34号	期中財務報告
36号	資産の減損
37号	引当金，偶発負債及び偶発資産
38号	無形資産
39号	金融商品：認識及び測定
40号	投資不動産
41号	農業

正味売却価額，有形固定資産の使用価値等さまざまな価値評価が行われる。

(注)　念のため，IFRSにおける，財務諸表の構成要素たる資産・負債・持分・収益および費用の定義づけは，以下のとおりである。

- •「資産（asset）」とは，過去の事象の結果として企業が支配している現在の経済的資源（経済的便益を生み出す潜在能力を有する権利）である。

- •「負債（liability）」とは，過去の事象の結果として経済的資源を移転するという企業の現在の義務から発生した企業の現在の債務である。

- •「持分（equity）」とは，企業のすべての負債を控除した後の資産に対しての残余持分である。

- •「収益（income）」とは，持分の増加を生じる資産の増加又は負債の減少のうち，持分請求権の保有者からの拠出に係るものを除いたものである。

- •「費用（expenses）」とは，持分の減少を生じる資産の減少又は負債の増加のうち，持分請求権の保有者への分配に係るものを除いたものである。

(3)　わが国におけるIFRSの導入状況

①　法的・制度的根拠

　2005年にEU各国において，上場企業の連結財務諸表にIFRSが強制適用されたのを皮切りに，適用方法についてはさまざまであるが，世界各国でIFRSの採用が進んでいる。

　適用方法については，①強制適用または任意適用（自国の会計基準と併用），②アドプション（IFRSをそのまま適用）またはコンバージェンス（自国の会計基準を実質的にIFRSと同様にする），③上場企業のみまたは全企業，④連結のみまたは単体を含む，といった違いがある。

　わが国においては，自国の会計基準を徐々にIFRSとの差異をなくすように改正してきていたが（コンバージェンス），2010年3月期以降は，IFRSに準じて連結財務諸表を作成することが認められた（任意適用）。その後，強制適用（アドプション）に向けた意思決定に関する審議が行われているところではあるが，現段階においてはまだ決定されていない。現在の任意適用は，一定の有価証券報告書提出企業に対し，連結財務諸表（及び連結計算書類）についてのみ認められているところである。このため，IFRS適用会社であっても，個別財務諸表（及び計算書類）については，日本基準での作成が必須となっている。

②　導入状況（図表3-3，図表3-4）

　わが国では，2010年3月期の「日本電波工業（証券コード：6779）」の適用開始以降，総合商社，製薬会社，情報通信，電気機器，食料品といった業界を中心に，IFRS導入企業は着実に増えている。日本取引所グループの公表資料によれば，IFRS適用済会社数208社・適用決定会社数16社（2020年4月現在）となり，時価総額ベースでは全上場会社の3分の1程度まで増加している。

　また，金融商品取引法上は，以前より，米国上場会社には米国基準に従った開示も認めていることから，米国基準を採用している企業も見受けられる。しかし，米国において米国以外の国の企業に対しIFRSでの開示が認められたこともあり，徐々に米国基準からIFRSへ移行する日本企業も増えている。このため，日本市場において，米国基準を採用する上場企業は減少しており，現在はト

ヨタ自動車ほか10社程度となっている。

[図表３-３] 主なIFRS適用企業

業種分類	適用企業名（適用年度）
総合商社	住友商事（2011），双日（2013），丸紅（2013※），伊藤忠商事（2014※），三井物産（2014※），三菱商事（2014※），兼松（2016）
製薬会社	中外製薬（2013），武田薬品工業（2014），アステラス製薬（2014），第一三共（2014），エーザイ（2015），田辺三菱製薬（2017）
情報通信	楽天（2013），ソフトバンクグループ（2014），ヤフー（2015），コナミ（2015※），KDDI（2016），日本電信電話（2019※），NTTドコモ（2019※），NTTデータ（2019）
電気機器	リコー（2014※），富士通（2015），日立製作所（2015），日本電産（2017），日本電気（2017），パナソニック（2017），三菱電機（2019※），京セラ（2019※）
食料品	JT（2012），アサヒグループHD（2016），キリンHD（2017），サントリー食品（2017），味の素（2017），サッポロHD（2018），日清食品HD（2019）
その他	ファーストリテイリング（2014），電通（2015），ホンダ（2015※），花王（2016），リクルートHD（2018），日本製鉄（2019），JFE（2019），SUBARU（2020）

※米国基準からの変更。

[図表３-４] 日本上場企業　時価総額上位20社

順位	証券コード	名称	時価総額（兆円）	会計基準
1	7203	トヨタ自動車	20.8	米国基準
2	6861	キーエンス	9.9	日本基準
3	9437	NTTドコモ	9.7	米国基準→IFRS
4	9984	ソフトバンクグループ	9.6	IFRS
5	9432	日本電信電話	9.5	米国基準→IFRS
6	6758	ソニー	8.5	米国基準
7	4519	中外製薬	8.1	IFRS
8	9433	KDDI	7.3	IFRS
9	4502	武田薬品工業	6.5	IFRS
10	9434	ソフトバンク	6.4	IFRS
11	4568	第一三共	6.3	IFRS
12	6098	リクルートホールディングス	6.0	IFRS
13	7974	任天堂	5.9	日本基準
14	9983	ファーストリテイリング	5.8	IFRS
15	8306	三菱UFJフィナンシャル・グループ	5.7	日本基準
16	4661	オリエンタルランド	5.7	日本基準
17	4063	信越化学工業	5.0	日本基準
18	7267	ホンダ	4.8	米国基準→IFRS
19	6367	ダイキン工業	4.4	日本基準
20	4452	花王	4.1	IFRS

（2020年５月25日時点）

2 財務諸表の例示

　IFRSにおける財務諸表の目的は，①広範囲の利用者の経済的意思決定に有用となる企業の財政状態，財務業績及びキャッシュ・フローについての情報を提供することであり，②経営者に委託された資源に対する経営者の受託責任の成果を示すものでものある（IAS1. 9）。

　IFRSにおける財務諸表は，具体的には次の5つにより構成されており，日本基準（「連結財務諸表等規則」）で定められている財務諸表の構成要素とほぼ同等である（内容については後述のとおり相違がある）。なお，財務諸表の名称については，IFRSでは強制されていないので，日本基準における名称を使用することも可能である。

- 財政状態計算書（Statement of financial position）
- 純損益及びその他の包括利益計算書（Statement of profit or loss and other comprehensive income）
- 持分変動計算書（Statement of changes in equity）
- キャッシュ・フロー計算書（Statement of cash flows）
- 注記（Notes）

(1)　財政状態計算書(図表3-5参照)

　財政状態計算書とは，一定時点の企業の財政状態を表したものであり，日本基準でいう「貸借対照表」とほぼ同等である。

　財政状態計算書には，主に以下の項目の表示が必要とされている（IAS1. 54）。

- 有形固定資産
- 投資不動産
- 無形資産
- 金融資産
- 持分法で会計処理されている投資
- 棚卸資産
- 売掛金及びその他の債権
- 現金及び現金同等物
- 売却目的保有に分類される資産及び負債（IFRS第5号）
- 買掛金及びその他の未払金
- 引当金
- 金融負債
- 当期税金に係る負債及び資産（IAS第12号）
- 繰延税金負債及び繰延税金資産（IAS第12号）
- 資本に表示される非支配持分
- 親会社の所有者に帰属する発行済資本金及び剰余金

[図表3-5] 財政状態計算書

	前年度	当年度
資産		
流動資産		
現金及び現金同等物	290	370
営業債権及びその他の債権	140	190
棚卸資産	100	120
流動資産合計	530	680
非流動資産		
持分法で会計処理されている投資	10	15
その他の金融資産	90	105
繰延税金資産	50	60
のれん	300	300
無形資産	50	40
投資不動産	100	150
有形固定資産	400	350
非流動資産合計	1,000	1,020
売却目的保有の資産	50	–
資産合計	1,580	1,700
負債		
流動負債		
営業債務及びその他の債務	70	100
短期借入金	50	50
流動負債合計	120	150
非流動負債		
長期借入金	550	530
引当金	20	30
退職給付に係る負債	80	100
非流動負債合計	650	660
負債合計	770	810
資本		
資本金	250	250
資本剰余金	155	160
自己株式	△40	△43
その他の資本の構成要素	15	30
利益剰余金	400	450
親会社の所有者に帰属する持分	780	847
非支配持分	30	43
資本合計	810	890
負債及び資本合計	1,580	1,700

① **財政状態計算書の表示**

　資産負債アプローチの考え方の下では，資産及び負債の定義が重要となり，資産及び負債の各項目を性質に応じて適切にグループ化したうえで，それぞれの測定・評価ルールを設定する必要がある。また，資本（純資産）項目の構成においても，IFRSと日本基準では企業の持分に対する考え方の違いがでている。

　日本基準と比較した表示上の特徴として，以下の点があげられる。

《流動・非流動区分》

　資産と負債は，それぞれ流動・非流動に区分して表示する必要がある。この区分は，日本基準における流動・固定区分における考え方（正常営業循環基準と1年基準）とほぼ同様である。

　また，日本基準の貸借対照表においては，（連結）財務諸表等規則により様式と表示科目が規定されており，一部の例外を除き流動性配列法（流動性の高い項目から順に表示する方法）を強制されている。一方，IFRSにおいては，企業実態に即していれば固定性配列法（流動性の低い項目から順に表示する方法）との選択適用となっている。

《繰延資産》

　日本基準でみられる繰延資産の部については，IFRSにおいては表示区分がなく，内容に応じて非流動資産あるいは流動資産に含めて表示する。また，社債発行費のように，取引コストとして社債の計上額から控除する場合もある。

《金融商品》

　IFRSにおいては，金融商品（資産・負債）と事業資産・負債を明確に区分することを重視しており，財務諸表上の表示も区分して表示される。

　金融商品とは，一方の企業にとって金融資産を，他方の企業にとって金融負債または資本性金融商品の双方を生じさせる契約をいうが，その保有目的に応じてさらに分類し，分類ごとに評価の方法も異なる。

②　評価の特徴

　IFRSと日本基準では，資産と負債の評価方法についても異なる取扱いがなされる項目がある。以下，主要なものを紹介する。

《のれん》

　のれんについて，日本基準では効果が発生すると見込まれる期間で毎年定額償却（減損テストの対象にもなる）を行うが，IFRSでは償却せず毎年減損テストを実施し必要に応じて減損処理を行う。

《有形固定資産の償却方法・耐用年数》

　減価償却方法について，日本基準では法人税法上の規定から主に定率法を採用しているが，IFRSでは経済的実態を適正に表す方法が求められ，原則として定額法が採用される。また，耐用年数も，日本基準では，実務上，法人税法上の耐用年数を採用する場合が多いが，IFRSでは経済的耐用年数を見積もることが必要となる。

《投資不動産の評価》

　有形固定資産について，事業目的外となる投資不動産を区分して把握する。この投資不動産につ

いて，日本基準では取得原価モデル（取得原価で評価し適正な減価償却を実施）を採用しているが，IFRSでは公正価値モデル（毎期公正価値での評価を行い増減を損益とする）も採用している。

《開発費》

開発費について，日本基準では研究開発費（販売費及び一般管理費）としてすべて発生時費用処理を採用することとなるが，IFRSは一定の要件を満たせば無形資産として認識可能である。

《オフバランス項目》

修繕引当金について，日本基準では引当金の4要件を満たすものとして引当金を計上しているが，IFRSでは非債務性の引当金は負債計上しない。なお，修繕引当金は，当期の費用として企業内計算で認められるものであり（第1章1(1)参照），外部に対する債務ではない。

(2)　純損益及びその他の包括利益計算書（**図表3-6**参照）

純損益及びその他の包括利益計算書（第1章2(2)参照）とは，一定期間の企業の経営成績（純損益）を表すもの及び公正価値評価等による資産・負債の価値変動（その他の包括利益）を表すものであり，日本基準でいう「損益及び包括利益計算書」とほぼ同等である。なお，「純損益計算書」と「その他の包括利益計算書」に区分して開示することも可能である。

純損益及びその他の包括利益計算書には，主に以下の項目の表示が必要とされている（IAS1.81A～82A，88，90）。

(純損益の部)
- 収益（金利収益及び保険収益は区分して表示）
- 費用
- 金融費用
- 持分法適用会社の持分損益
- 税金費用（法人所得税）
- 非継続事業の損益
- 純損益[※]

(その他の包括利益の部)
- その他の包括利益の項目
「その後に純損益に振り替えられることのないもの」と「その後に特定の条件を満たした時に純損益に振り替えられるもの」にグループ分けが必要
- 包括利益[※]
　※　それぞれ非支配持分および親会社の所有者に帰属する金額を区分して開示しなければならない。

①　純損益及びその他の包括利益計算書の表示

資産負債アプローチの考え方の下では，資産及び負債の増減差額の要因たる利益，すなわち最終利益たる包括利益（又は当期純利益）こそが，まずは重要な項目となる。日本基準のような各段階

[図表3-6] 包括利益計算書

	前年度	当年度
（損益計算書）		
継続事業		
売上収益	1,200	1,400
売上原価	△720	△920
販売費及び一般管理費	△320	△360
その他の営業収益	10	5
その他の営業費用	△20	△10
営業利益	150	115
金融収益	5	10
金融費用	△20	△15
持分法による投資損益 （注1）	10	5
継続事業からの税引前当期純利益	145	115
法人所得税費用	△45	△35
継続事業からの当期純利益	100	80
非継続事業		
非継続事業からの当期純利益	△20	－
当期純利益	80	80
当期純利益の帰属：		
親会社の所有者	70	70
非支配持分	10	10
	80	80
（その他の包括利益計算書）		
当期純利益	80	80
その他の包括利益		
純損益に振替えられることのない項目		
不動産再評価益	10	20
純損益に振替えられる可能性のある項目		
在外営業活動体の換算差額	2	－
その他の包括利益合計	12	20
当期包括利益	92	100
当期包括利益の帰属：		
親会社の所有者	80	85
非支配持分	12	15
	92	100

（注1）　営業活動の性質を備えていると判断して，営業利益の上で表示されることもある。

損益（売上総利益，営業利益，経常利益）の定義はなく，企業ごとの状況に応じて自由に損益項目を設けることができる（後述する金融収益・費用及び非継続事業を除く）。

　日本基準と比較した表示上の特徴としては，以下の項目があげられる。

《利益概念》

　たとえば，日本基準において表示されている経常利益という概念（第1章2(1)参照）が，IFRSでは表示されない。日本基準でいうところの特別損益項目について，IFRSにおいては，臨時巨額であろうと，その内容に応じて営業損益計算または包括利益計算に含んで表示されるのが原則である。

このため，IFRSにおいて営業利益が表わす利益水準は，日本基準における営業利益とは異なるので注意が必要である。

《性質別費用分類》

　売上総利益の表示についても任意であり，費用は売上原価・販売費及び一般管理費といった機能別分類を必ずしも必要とせず，原則的には性質別分類をすれば足りる（第1章2⑵参照）。ただし，金融収益・金融費用については，営業利益（＝事業活動から生ずる利益）と区分した表示が求められる。

《非支配持分損益》

　当期純利益及び包括利益は，非支配持分損益を控除する前の金額で表示する。その上で当期純利益，包括利益のそれぞれの内訳項目として別途，親会社持分と非支配持分の2つに区分開示する。すなわち，IFRSでは，連結概念として経済的単一体説（会計報告対象とする連結グループには，非支配株主も含まれているという考え方）を採用しているといえる。一方で，日本基準では，当期純利益から非支配株主帰属分を控除して親会社株主帰属分の当期純利益を導く表示形式となっており，親会社説（連結グループは親会社とその持分だけで構成されているという考え方）を部分的に採用しているともいえる。

《非継続事業（廃止事業）》

　IFRSでは，すでに処分されたか，または売却目的保有に分類された企業の主要な構成単位を非継続事業と定義している。そして，非継続事業から生じる損益（当該事業に係る資産を公正価値で測定したことによる損益を含む）については，包括利益計算書において表示する必要がある。これにより，財務諸表利用者にとっては，将来キャッシュ・フローを生むことのない事業の影響を把握することが可能となる。なお，日本基準においては，非継続事業に関する規定はないため，区分表示されることはない。

　② 認識・測定の特徴
　IFRSと日本基準では，収益費用の認識・測定方法についても，異なる取扱いがなされる項目がある。本書では詳細な紹介をしないが，たとえば売上の認識について，物品の所有による重要なリスクと経済的便益を負っている場合など主要な条件を満たす必要がある（（取引相手の）検収基準）。物品の所有による重要なリスクを負っていない，いわゆる手数料ビジネスについては純額表示が求められる[注]。

　(注) たとえば，日本の百貨店においては，仕入先（テナント）との間に消化仕入という商品売買契約を締結している場合が多い。消化仕入とは，百貨店の店頭において商品が消費者に販売（消化）された時点で，百貨店が商品を仕入れたとみなす仕入契約形態をいう。日本基準における百貨店の会計処理では，消費者への販売代金を売上高とし，仕入先からの仕入代金を売上原価として総額表示する場合が多いと思われる。しかし，IFRSにおける会計処理では，商品販売・在庫所有における重

要なリスクを負っていないことから，純額表示が求められると考えられる。

　ただし，日本基準においても，「収益認識に関する会計基準」（企業会計基準第29号）の適用開始によって会計処理は変更されていくと思われる。

(3)　持分変動計算書（図表3-7参照）

　IFRSでは持分概念に非支配持分も含むため，非支配持分の変動要因も表示される。一方で，日本基準では（親会社）株主持分が重視されていることから，株主持分以外の純資産項目の変動については，純額のみの表示となっている。

　持分変動計算書には，主に以下の項目の表示が必要とされている（IAS1. 106）。

[図表3-7] 持分変動計算書

前年度	親会社の所有者に帰属する持分						非支配持分	資本合計
	資本金	資本剰余金	自己株式	その他の資本の構成要素	利益剰余金	合計		
期首残高	250	150	△35	5	350	720	20	740
当期包括利益								
当期純利益					70	70	10	80
その他の包括利益				10		10	2	12
当期包括利益合計	－	－	－	10	70	80	12	92
所有者との取引等								
剰余金の配当					△20	△20	△2	△22
自己株式の取得			△5			△5		△5
新株予約権		5				5		5
所有者との取引等合計	－	5	△5	－	△20	△20	△2	△22
期末残高	250	155	△40	15	400	780	30	810

当年度	親会社の所有者に帰属する持分						非支配持分	資本合計
	資本金	資本剰余金	自己株式	その他の資本の構成要素	利益剰余金	合計		
期首残高	250	155	△40	15	400	780	30	810
当期包括利益								
当期純利益					70	70	10	80
その他の包括利益				15		15	5	20
当期包括利益合計	－	－	－	15	70	85	15	100
所有者との取引等								
剰余金の配当					△20	△20	△2	△22
自己株式の取得			△3			△3		△3
新株予約権		5				5		5
所有者との取引等合計	－	5	△3	－	△20	△18	△2	△20
期末残高	250	160	△43	30	450	847	43	890

- 当期の包括利益合計（親会社の所有者と非支配持分に帰属する合計額を区別して表示）
- 資本の各内訳項目について，遡及適用又は遡及修正再表示の影響額（IAS第8号）
- 資本の各内訳項目について，期首と期末の帳簿価額の調整表（最低限，次による変動を区別）
  - 純損益
  - その他の包括利益
  - 所有者としての立場での所有者との取引（所有者による拠出・分配，子会社に対する持分変動）

⑷　キャッシュ・フロー計算書（図表3-8参照）

　日本基準でいう「キャッシュ・フロー計算書」とほぼ同等であり，企業のキャッシュ（現金及び現金同等物）の増減を，「営業活動によるキャッシュ・フロー」，「投資活動によるキャッシュ・フロー」，「財務活動によるキャッシュ・フロー」に分類して表される（IAS1. 111, IAS7）。

　日本基準と同様に「直接法」「間接法」のいずれかを用いることができるが，本書では，日本の開示事例ではあまりなじみのない「直接法」によるキャッシュ・フロー計算書を例示した。直接法

[図表3-8] キャッシュ・フロー計算書（直接法）

	前年度	当年度
営業活動によるキャッシュ・フロー		
販売代金回収額	1,200	1,350
仕入先への支払額	△720	△910
人件費の支払額	△200	△180
その他の営業支出	△85	△40
小計	195	220
受取利息 (注1)	5	10
支払利息 (注1)	△20	△15
法人所得税の支払額	△45	△45
営業活動によるキャッシュ・フロー	135	170
投資活動によるキャッシュ・フロー		
有形固定資産の取得による支出	△150	△60
有形固定資産の売却による収入	30	45
投資不動産の取得による支出	－	△40
金融資産の取得による支出	△50	－
その他（純額）	15	5
投資活動によるキャッシュ・フロー	△155	△50
財務活動によるキャッシュ・フロー		
借入・社債による収入	110	140
借入金返済・社債償還による支出	△90	△160
自己株式の取得による支出	△5	△3
配当金の支払額 (注2)	△20	△20
非支配持分への配当金の支払額	△2	△2
その他（純額）	△3	5
財務活動によるキャッシュ・フロー	△10	△40
現金及び現金同等物の純増減額	△30	80
現金及び現金同等物の期首残高	320	290
現金及び現金同等物の期末残高	290	370

（注1）　投資又は財務キャッシュ・フローとして表示することもできる。
（注2）　営業キャッシュ・フローとして表示することもできる。

によるキャッシュ・フロー計算書は，一般的に，キャッシュの流れを詳細に把握できるというメリットがあるが，取引ごとのデータが必要となるため作成に手間がかかるというデメリットがある。

(5)　注　　記

　IFRSにおいては，日本基準と比較して，注記による開示分量が非常に多い。IFRSにおける注記は，(1)～(4)の各財務諸表の各項目と相互参照可能かつ体系的な方法で記載することが求められており，記載範囲は日本基準と比べ広範となっている。

　注記には，以下の項目の表示が必要とされている（IAS1. 112）。
- 財務諸表の作成の基礎及び使用した具体的な会計方針に関する情報
- IFRSで要求されている情報のうち，財務諸表のどこにも表示されていないもの
- 財務諸表のどこにも表示されていないが，財務諸表の理解への目的適合性のある情報

　注記における開示スタンスには，IFRSの特徴といわれる「原則主義（Principles-based）」が背景となっているともいえる。IFRSの基準書においては，産業別ガイダンスや数値基準といった個別的な会計処理適用の判断基準となるような詳細な適用要件に関する記述が，ほとんどなされていない。適用要件を詳細に規定することにより，経済的実態から乖離した形式的な会計処理の適用に陥るリスクを軽減するというメリットがある反面，実務上の判断に求められる部分が大きくなっている。この原則主義により，経営者の判断と見積りの要素が多く介入するため，注記における詳細な記述が求められているといえる。

第4章

財務諸表分析の方法と論理

Summary　財務諸表分析の方法には，目的に応じてさまざまな方法が存在する。本章では，資産負債アプローチにより作成された財務諸表に対して，本書が採る，比率分析，比較分析ならびに趨勢分析の意義の説明と，本書の分析指標・計算式の取り上げ方および考え方を解説する。

　財務諸表分析はあくまで会計数値を拠り所に，企業を診断する手法である，つまり，会計数値に拠る限りで，企業の姿を明らかにし評価するものである点に注意すべきである^(注)。とりわけ特定の企業経営手法を提案するものではない。

(注) たとえば，健康診断において，他人（平均）と較べて血圧が高いと言われても，これが本当に悪いかどうかは実際の生活の中で支障が出ているかどうかであり，その人特有の体質から高いのであれば，高いことに問題はない。これを企業の体質について言うと，日本の企業とくに老舗と言われる企業の中には，借入金比率とくに短期借入金比率が異常に高く，財務諸表分析の一般的説明では直ちに倒産のおそれありと言わざるをえない企業も見受けられる。しかし，この企業は長期にわたって生存し続けている。この場合，倒産に至らない理由として，この企業には，のれん―信用―があり，短期借入金は実は継続して借り換えが保証されている長期的なものであることがある。このように企業の最終的な善し悪しは，実際に検査数値の奥にある企業の実態まで入って調査・分析する必要がある。しかし，これは財務諸表分析の役割および意味を超える。

　言うまでもなく，企業の目的は利益の獲得であるから，財務諸表分析として第一に，企業の収益獲得能力を分析しなければならない。一方で，いわゆる"黒字倒産"の危険が論じられるように，企業が資金に余裕があることないし借金依存度が低いことも，企業経営にとって肝要である。この把握も財務諸表分析の課題である。つまり，財務諸表分析においては，分析を"利益獲得能力"：収益性と"資金的安全性の分析"：安全性の2つの見地から行う必要がある。

　この場合，たとえば，収益獲得能力について「当社の今期の利益は10億円になったとか，売上高が1兆円を超えた，つまり1兆円企業になったとか」，一方，安全度についても「当座の資金として5億円確保しているとか，借金が1,000万円しかないとか」，財務諸表の数値をそのまま利用することが実務ではしばしば見受けられる。これを「実数分析」という。ところで，この実数分析による判断を行う場合，暗黙の了解として，同業他社と較べるとか，前年度の数値と比較するとか，必ず比較の対象がある。つまり，比較を行っている。

　このとき，他（多くの場合，同業他社）と較べる方法を「比較分析」（狭義），数年にわたり比較

する方法を「趨勢分析」といい，本書も，このように比較分析（第2部第8章）と趨勢分析（第2部第9章）に基づく分析を論じる。

　ところで，これらの分析を行う場合，実数分析のように1つの数値にのみに頼る評価には大きな限界がある。たとえば，企業が前述の10億円からさらに12億円へと利益を大きくしていったとしても，そのためにどれだけの資源を用いたのかが企業効率の判断にとって重要だからである。仮に，12億円の利益を上げるのに，10億円の利益を上げる2倍の資産を用いたとすると，その資産の利用効率は低い。また，前述の当座の資金5億円が十分かどうかの判断は企業の規模にもよるし，借入金の状況にもよる。このように，それぞれの判断においては，財務数値を何かと対応させ，つまり，ある判断計数と較べて，どのくらいであるかという「比率分析」をしなければならない。本書は，この比率分析（第1部第5・6・7章）を前提にしている。なお，比率分析には，実数分析のように，規模の問題を考慮しなくてよくなる長所もある。例として，利益率 20％は企業の規模には関わらない指数である。

 収益性分析の論理

　たとえば，企業の利益獲得活動の最終結果である当期純利益の善し悪しを判断する基準は何か。これについては，2つの基準が考えられる。1つは，企業が調達してきた資金すなわち資本つまり調達総資本をどのように効率的に運用したかであり，2つめは，企業の保有している資源つまり資産を効率的に使用したかである。これについて，既述のように，資産負債アプローチでは，負債が資産のマイナス要素であり，収益費用アプローチのように貸方を収入つまり調達資本総計という思考は出てこない。本書が，自己資本や他人資本という従来使用されてきた概念を使用しないのは，このような貸借対照表観の変化に基づいている。

　収益性の分析は，基本的に利益を評価するものである。したがって，評価されるもの，つまり利益が主体（評価対象）となり，それに関係したもの，つまり当該利益の獲得に関わった資産（主体の言わば環境条件）の中で評価される。このように，分析においては，評価されるもの，すなわち評価対象を，関係したもの，言わば評価対象の置かれた環境で位置づけるという思考になる。これを数式で言うと，評価されるものを分子に，評価環境，条件・状況を分母にし，分母の中で分子を位置づける（割合）計算となる。これが「比率分析」の意味である。このとき，利益つまり評価対象がフロー概念であるから，分母，資産もフローでなければならない。

　さて，今示した分析法は，資産利益率（$\frac{利益}{資産}\times100$）であるが，資産利益率は，利益と収益との関係を見る「利益率」（$\frac{利益}{収益}\times100$）と，収益と資産との関係を示す「回転率」（$\frac{収益}{資産}$）とに展開され（$\frac{利益}{資産}\rightarrow\frac{利益}{収益}\times\frac{収益}{資産}$），さらに分析が進められる。利益率は，利益を収益の中で見ようとしているので，利益が分子，収益が分母[1]になる。一方，この式の展開からえられた‘回転率’については，表現および実質の二つの面から説明しておく必要がある。先ず表現である。これは，文字通りの率すなわちパーセントではない。分子と分母の関係比つまり構成比を指して‘率’という表現を使っている。したがって，この指標の数値の単位には，％でなく‘回’が使用される。次に，この数値の実質，

意味である。この計算式は，資産（分母）に対する収益（分子）の評価，つまり資産が生み出した収益の評価の指標，資産に対し収益が何“倍”か[2]，という式になっている。これに対し，‘回転’という表現は，収益が資産を何回利用したかという表現，分子（収益）が分母（資産）を評価する表現である。つまり，このように意味を展開し，この指標を回転すなわち資産の利用効率，分母の評価指標としている。いま，分母（資産）が分子（収益）を評価するという立場を一貫させるならば，むしろ回転期間：たとえば，棚卸資産の利用効率を示す棚卸資産平均回転期間で，

$$\frac{（期首棚卸資産＋期末棚卸資産）÷2}{1日平均売上高}$$ というように，収益を分母，資産を分子にする式が論理的である。ただし，本書でも実務に倣い[3]，資産（分母）が収益（分子）の中で何回転したかという資産（分母）の利用効率を見る指標として使っている。

　ところで，第1章の2の損益計算書の見方で述べたように，資産負債アプローチでも，個々の資産・負債の増減変動の原因として売上総利益，営業利益，経常利益および当期純利益と‘段階利益’が計上される。したがって，これらの利益を評価するためには，それぞれの利益に関わる資産（場合により，マイナスとしての負債も含む時がある）を決めねばならない。つまり，資産（と負債）の分類作業が財務諸表分析において求められる。このように，利益概念に沿って貸借対照表項目を分類できる能力が必要になる。

　これに関連して，実務上よく使用される売上高経常利益率という指標がある。これは経常利益を分子とし売上高（与件，分母）の中でどのように位置づけられるかを問う指標である。しかし，この指標には会計理論上，論理的誤りがある。というのは，経常利益の計算つまり獲得には営業外収益も関わっているからである。この場合，分母は「売上高＋営業外収益」としなければならない。本書は会計学の論理に立つことを強く意識しているので，このような実務上，人口に膾炙している指標であっても扱わないこともある。実践と異なる指標や説明が出てくるのは，このためである。

　以上は，企業の活動自体の分析における本書の姿勢である。

　これに対し，財務諸表分析においては企業の所有者である株主の立場からの企業の評価も求められる。これについて，国際会計基準のフレームワークのように，資産と負債の差額つまり残余持分が株主持分であると推量可能なら問題はない。しかし，わが国では，「株主資本等変動計算書」と称されているように差額である純資産の内容が複雑である。すなわち，その他の包括利益累計額，新株予約権，非支配株主持分をどのように解釈するかが問題になる。非支配株主持分以外は株主に帰着するものと見なすのか，それとも株主資本と明示されているもののみを株主持分と見なすのかである。本書の株主の立場の分析では，自己資本という概念を取らないので，明示されている株主資本のみを株主持分としている。この点の扱いも類書と異なるかも知れない。実務では，伝統的な自己資本概念が生きているとし，単純に「純資産＝株主持分＝自己資本」とするものもあるからである[4]。

2 安全性分析の論理

　安全性については，短期の視点と長期的・構造的な視点と2つの視点で行われるが，ここでも，前掲の収益性での分析の姿勢ならびに思考は維持される。すなわち，判断において，比率分析によること，および，評価の対象・主体が分子，その判断の環境，いうなら与件（評価の基準）が分母に置かれる原則である。

　たとえば，短期の安全性についての分析では，流動負債が分母にくるが，ここでは，流動負債を与件として，これに対応する分子の資産を分析・評価する姿勢である。一方，構造的分析では，最も一般的な指数として負債資産比率（$\frac{負債}{資産}\times100$）が用いられるが，ここでも，分母の総資産を所与として，分子の負債を評価する考え方になる。

　これにより，比率が高い方が良いか低い方が良いかという判断の表現が異なる点に注意する必要がある。すなわち，分母の中で，資産を分子にする比率で判断する短期の安全性では，（負債－分母・与件－に対しプラス要素－分子－が）高い方（大きい方）が好ましいし，負債が分子となる長期の安全性では，（資産－分母－に対しマイナス要素が）低い方（小さい方）が望ましい。このように計算された数値の善し悪しの判断の表現においては，分子・分母の関係を見なければならない。

　ところで，企業が安全かどうかと言ったとき，これは，企業の当期の実際の行動つまり短期では，いわゆる資金繰り行動，長期的構造的な観点では，設備投資や資金調達政策に依存する。これについて，資産負債アプローチの貸借対照表ではどうだろうか。ここでは，資産債務やリース債務，手形保証債務また退職給付に係る債務など計算上の債務が多く計上されるようになった[5]。また，この事実に応じて計算上の資産も計上される場合も出てきている[6]。これらは，現実の資金の動きのないものである。このように考えると，安全性の分析には，当期の資金の動きを示す「キャッシュ・フロー計算書」の利用が欠かせないことになる[7]。

 ## 3 株価（外部情報）と財務諸表分析（内部情報）

　最後に，財務諸表分析は証券（外部）市場での企業評価に際しても利用される。すなわち，投資家のための分析である。これは，市場での評価であるから，当然の事ながら，市場の評価，株価自体の情報が中心になる。株価情報自体は財務諸表分析の次元を超える。しかしながら，株価の判断において会計情報も利用され，財務諸表分析の利用の立場で期待されている領域なので，これも取り上げる。

　そもそも，ここでは，財務諸表いわば企業内部の情報によるのではなく，企業外部の情報による企業評価自体を論じるべきである。しかし，本書は，外部情報を主体とはしていない。つまり，視座をあくまで財務諸表つまり会計学において論じている。近年しばしば見られる会計学と称し，株価から財務諸表を評価するような姿勢（一部の実証会計学と称するものの姿勢）は取らない。

（注）

1　収益を与件と考え，収益そのものを評価しない姿勢を言っている。

2　収益が資産の 2 倍ということは，収益側からみると資産がその 1 ／ 2，つまり資産を 2 回利用したということになる。

3　キャッシュ・コンバージョン・サイクル（CCC: cash conversion cycle）が典型例である。

4　「企業内容等の開示に関する内閣府令」では，少数株主持分（非支配株主持分）以外の純資産が自己資本とされている。

5　第 1 章で示したように，収益費用アプローチでは，貸方・収入，借方・支出が基本であり，ここでは，そもそもの貸借対照表が現実の資金の動きに基づいて作られていると言える。

6　資産除去債務の計上に応じた固定資産価額の増額や，リース債務に応じたリース資産の計上，投資有価証券の時価評価など資金の動きのない資産の計上を考えている。

7　新田「資産負債アプローチの下でのキャッシュ・フロー計算書」『會計』第176巻第 2 号（2009年），1-13頁。

　　なお，この拙稿では，資産・負債の調整から誘導してくる（貸借対照表に依存する）間接法のキャッシュ・フロー計算書ではなく，直接法によるキャッシュ・フロー計算書が資産負債アプローチの下で情報として求められる本来のキャッシュ・フロー計算書であるとしている。

　　付言すると，資産負債アプローチの損益計算書は，第 1 章 2 (2)で述べたように，期末資産・負債実在高と当在高の差額（ストックの差額）として求められる資産負債増減明細表であるから，本質的に，当期のフローを把握しているとは言えない。この点，直接法のキャッシュ・フロー計算書は当期の資金フローを把握しているので，ストック中心に考える資産負債アプローチの下では，異なる思考の計算書であると言えよう。それゆえ，ストック情報の中で，このフローの情報価値は高いと言える。

【補注】企業価値の考察と会計理論の展望
－収益費用アプローチと資産負債アプローチの貸借対照表観によせて

　この【補注】は，財務諸表分析にとっては「寄り道」なので，本書の学習を終え，とくに会計理論とりわけ会計数値に興味を持たれた諸姉諸兄にのみ，読まれることを奨めする。

　しばしば，企業の価値ないし企業価値という言葉を聞く。そこで，本章の論の一展開として，企業価値の考え方について，利益計算を目指す収益費用アプローチと純財産計算を目的とする資産負債アプローチに絡めて考えてみよう。ただし，ここで扱う企業価値は計数に関わるものである。

　論の展開にあたり確認しておかなければならないことがある。両アプローチの目的の違いである。収益費用アプローチは，企業の立場に立った企業のための会計（「企業会計原則」前文：「企業会計原則の設定について」目的および会計原則）なのに対し，資産負債アプローチは，企業外部の投資家への情報提供をする会計であるという点である（「討議資料　財務会計の概念フレームワーク」第 1 章

序文)。

　一般に，企業価値と言えば，収益価値が考えられる。これは，将来の予想利益（純利益：株主利益）を現在価値に割り引いたものである。利益に関わる点で，収益費用アプローチに関わる概念であると考えられる。そこで，両者の関係を考えてみよう。

　利益を産み出すためには，資本の投資が必要である。資本の調達源泉は，この会計の貸方に計上される。収益費用に関わらない収支つまり収入・未支出が利益獲得活動と関わらず，この活動の前提となる資本調達収入を示す。この収入は解消すなわち支出の仕方により2種に分類される[1]。1つは，返済つまり支出を義務付けられている収入であり，他人資本である[2]。一方，支出を企業自身で統制できる収入が自己資本であり，統制できる企業所有者すなわち株主によるものであるという意味で，株主資本とも言われる。この投資額と収益価値とを比較し，投資つまり企業の評価がなされる。ここでは，収益費用アプローチの貸借対照表情報が使用される。つまり，実際の貸借対照表に計上されている株主資本に係る情報はこのアプローチのものである。資産負債アプローチでは論理上，純資産の計算が目的であり，純資産の中の分類は問題とならないはずである。

　それでは，収益費用アプローチの上の文脈の中で，株主資本以外の借方貸方の未解決項目の意味は，どのように考えたらよいであろうか。これらは，当期の利益獲得活動に関わらなかった未解決項目という消極的解釈を進めると，未解決から解決に至る過程で，将来の収益獲得に必要で，これに貢献する犠牲（言わば収益を産み出す給付能力[3]：資本の運用状態）を示していると見ることができる。ということは，この状態は，収益価値つまり将来利益予想の枠組，条件を提示し，将来利益の予想はこの条件の下で行われる。収益価値との関係では，このような意義が未解決項目には期待されていると推論される。

　ところで，ここでの企業価値である収益価値は，企業サイドでの評価，現行活動の継続を前提とした内部評価によるものである。これは，市場の評価である株価とは異なるものである。なぜなら，株価形成には，さまざまな企業外部の状況・予想（言わば投機的要素）が入ってくるからである。

　一方，資産負債アプローチでは，純資産以外の貸借対照表項目はどのように意味づけられるのであろうか。このアプローチは資産から負債を控除し純資産を計算しているが，この計算式は，企業の倒産・解散に際して，残余財産を計算する式と同じである。この会計では，負債は清算時の請求権であり，この金額で評価され，資産は負債の返済に充てることのできる価値，売却価額で評価される。つまり，負債に応対できるものが資産として清算貸借対照表に計上される。即ち，負債が会計をリードする。そして，差額が株主に残された残余財産価額である。しかしながら，企業が生きているのに，清算会計が行われないのは当然であり，企業の継続を前提とした会計が行われる。この会計を決めるのが会計基準である。この場合，アプローチの算式による限り，負債を意識しなければならない[4]。かくて，この貸借対照表計算の目的たる純資産の金額は，（会計）計算上の解散価値とも言われる。つまり，資産負債アプローチの企業価値とはこの計算上の解散価値を指し，資産負債の決定においても，この思考を意識して行われる。

　これまで，企業価値と両アプローチの貸借対照表情報との関係について述べてきたが，更に，両アプローチの会計処理・会計数値に与える影響について考えていこう。

　まず，資産負債アプローチでは，計算構造上，負債が会計をリードすると述べた。この会計では，

既に資産除去債務で取り上げた[5]ように，負債は，経済的便益の将来の流出となるものを見越計上し，（マイナスの）現在価値で評価されるのが原則である[6]。一方，資産は，どうであろうか。有価証券等の金融資産は，負債を意識し，権利の確定を確認し時価評価が求められる。これは負債に応対できる。しかし，費用性資産の企業における活動は異なる。これらは，収益の犠牲となり，回収つまり収入となって始めて負債に応対できるようになる。したがって，この活動の中でも費用としての評価が認められることになる。それでは，収益費用アプローチの費用性資産と全く同じ扱いがされるであろか。収益費用アプローチの未解決項目の扱いについては次に述べるとして，資産負債アプローチでは，個々の資産の独立性と客観性を求め，当該企業以外の企業での利用可能性を意識し，言わば経営者が変わっても変わらない評価が行われる。負債に対応できることがこの会計の使命だからである。ここでも時に，売却時価等外部の評価も導入する。つまり，計算上の解散価値決定過程において，外部評価も意識する。

さて，企業の活動にとって必須となる[7]費用性資産の会計について，両アプローチの違い，特徴を見てみよう。

最も対照的なのは，費用性資産の典型である減価償却の処理である。勿論，資産負債アプローチでも固定資産に減価償却が行われる。しかし，この費用の捉え方に違いがある。収益費用アプローチでは，費用は収益に対応するものとしての妥当性が問題となる。その典型が総合償却法である。総合償却は，そもそも固定資産は，各種資産が集合・統合されて始めて当該企業活動ないし事業活動に役立ち，この活動への給付を提供するものであるという前提に立って，この集合体の給付の提供を費用として計上しようとする方法[8]である。この会計では，個々の資産の評価は問題とされない。

これに対し，資産負債アプローチにおいても，減損会計に集合体つまりグループという考え方[9]はある。しかし，費用ではなく，あくまで資産としての妥当性である。さらに，評価にあたって，当該企業の活動の中での回収可能性だけではなく，外部の価値である正味売却価額も導入されている（「固定資産の減損に係る会計基準」2．(3)）。つまり，当該企業以外で妥当する外部の評価も求められている。

棚卸資産会計においても，両アプローチの推奨する会計方法に違いが出る。棚卸資産の払出原価の計算方法として，個別財の動きを把握する個別法を別とすると，先入先出法，各種平均法，後入先出法があるが，このうち，出庫に最新の単価を付す後入先出法が当期の収益に当期の費用を対応させる点で，当期の利益計算において合理的とされ，収益費用アプローチでは，この方法が推奨される[10]。しかしながら，資産負債アプローチになり，この方法の採用は認められなくなった（「棚卸資産の評価に関する会計基準」6－1）。理由は，資産の期末価額が遙か昔，過去のものになるからである。対照的な原価配分をする先入先出法は期末の時価にほぼ等しい資産価額を誘導する。よって，当期の利益に前期の活動が含まれる点で当期の利益獲得活動を示す利益を計算しない一方で，資産は負債に応対できる価額になる。よって，推奨される。

ここで，後入先出法の資産評価の意味を考えてみよう。そもそも企業が円滑な活動を営むためには一定の在庫（正常在庫，恒常在庫）を保有しなければならない。この在庫は当期の活動には使用されてはならないし，この資産の保有損益を当期の利益としてはならない。よって，保有損益を認識しないためには，取得原価で計上し続けなければならない[11]。そして，このような在庫の存在こ

そ現在の企業活動を将来に向かって継続的に行っていける保証を与えるものである。つまり，この拘束有高が毎期毎期同じ金額で計上されていることを確認することにより，当該棚卸資産の給付能力が維持されていることを認識しなければならない。これは同時に，棚卸資産に関し当該企業の活動が変わらないことも示している。この確認は，収益価値における利益予測に基礎を与える。この視点で，先の総合償却法の期末簿価の流れを見ると，採用した償却率により金額に差が出るものの，長期に亘り適応すれば，期末の評価額も一定の金額に収斂していく[12]。ここでも，毎期の資産価額は変わらないものとなる。つまり，収益費用アプローチが推奨する会計手続きを継続して適用していくと，費用性資産は同じ金額に収斂し，この現象が企業活動に与える資産の給付能力が変わらないことを示すことになる。そして，これら未解決項目の構成（構成比）を継続的，時系列的・趨勢的に観察することにより，現行企業活動を継続していることが確認可能になり，上述のように，収益価値予測にも情報を提供することになりうる。構成に変化が見られた場合には，企業はこれまでの活動とは異なる活動に移行した事実を示すことになる。借方未解決項目[13]には，単に収支と収益費用の連結体の機能を超えて，このような意味があると考えた。

　以上のように，会計アプローチしたがって計算目的の違いが異なる会計処理をもたらし，それぞれが推奨する会計処理に合理性を与えることになる。このように現に行われている会計手続き（会計処理）に意味と合理性を与えることにも会計学の面白さがある。これは一方で，財務諸表分析で企業を見るときの視点にも繋がる。

　これまで，費用について取り上げたが，最後に，収益についても触れておきたい。収益費用アプローチでは，営業収益の計算基準として，販売基準，工事進行基準，回収基準，回収期限到来基準と企業の営業形態により選択適用が認められていた[14]。これは，企業努力を表そうとすると，成果（収益）は業種を含め企業によりさまざまであるからである。これにより，資産価額も，採用した基準により異なるものとなる。これに対し，資産負債アプローチになると，収益の計算基準は（相手方）の検収（検収基準）に統一されることになった（「収益認識に関する会計基準」）。つまり，権利の確定が求められ，資産価額は外部の客観的証拠によるものとなった。ここでも外部の評価が取り入れられた。これにより負債に応対できることは，もちろんである。

（注）

1　数値は調達収入額によって決められ，未支出つまり将来支出が値を決めることはない。この点，将来支出を現在価値で評価する方向性を持つ資産負債アプローチの会計とは異なる。なお，ROI（return on investment）がここでの概念に適合すると考えられる。

2　この解消過程で，利益獲得活動に関わらない判定の基準として，支出の性質（返済義務が確定している支出により解消するか，企業が統制できる支出による解消か）が確認される。なお，利息の支払いも重要である（有利子負債の把握）。

3　ただし，ここでは，表示であって，価値つまり評価は問題としていない。なぜなら，数値は，過去の支出・収入・費用・収益を扱っているから。

4　典型的に，流動比率がこの考え方に通じる。つまり，負債に対する資産の妥当性が問われる。

5　7頁。

6　他の例として，社債や退職給付債務の会計が挙げられる。これらも将来の経済的便益の出つまり支出の現在価値で評価される。

7　貨幣性資産が利益獲得の基になる金融業は別である。

8　総合償却法については，新田『財務諸表論究（第2版）』，中央経済社，平成11年，140-153頁参照。

9　ここでのグループは，企業から取り外すときに，グループとして価値があると認識される単位であると考えられる。

10　後入先出法とくに全期間後入先出法については，新田，前掲書，118-121頁参照。

11　資産を期首・期末同じ金額で評価することは，この資産の保有損益を認識しない効果をもたらす。これを損（酸）にも益（アルカリ）にもならないという意味で，中和化と言われる。棚卸資産の中和化の効果は同じ数量を保ち続け，実体の維持を可能にする。資産を過去の取得原価で評価することには，このような意味と効果がある。

12　これについては，E.Schmalenbach, Dynamische Bilanz, 5.Auflage, Leipzig, 1931, S.152-155. 土岐政蔵訳『動的貸借対照表論』森山書店，昭和30年，166-168頁参照。

13　そもそも企業を生産体（人間労働が価値を生む）と見る会計（産業資本主義の段階）では，支出・未収入項目（金融資産）は会計の中心課題にはならない。支出・未費用項目（費用性資産）の会計が課題であり，収益・未収入の会計（収益認識）がこれに続く。一方，金融資本主義的会計では，金融資産，これ以外の資産では（配当を含む）利子を生み出す面が重視され，利子を導入する会計が求められていると感じている。ROEの目標（たとえば8％のように）を定める思考は，この考え方の線上にあると考えられよう。

14　各種収益計算基準については，新田，前掲書，64-93頁参照。

第5章

収益性の分析

Summary 　収益性の分析は，2つの視点で行われる。1つは，企業それ自体を見る視点であり，もう1つは，企業への投資家である株主の視点で行われるものである。

　企業を見ようとする立場では，企業の第一の目的が利益獲得であるから，企業の資産（借方）により利益を上げているかが問題になる。つまり，「資産利益率」による測定である。

　企業の利益獲得活動は，損益計算書の営業利益，経常利益などの段階利益に反映される。これらの利益に対応する形で，資産を決めていけば，各活動の効率性が測定される。

　資産利益率はさらに，資産の運用により上げた収益の中で儲けを位置づける利益率「利益対収益」と，資産を効率的に運用したかという回転率「収益対資産」とに分解される。

　これを数式で示すと，$\dfrac{\text{利益}}{\text{資産}}=\dfrac{\text{利益}}{\text{収益}}\times\dfrac{\text{収益}}{\text{資産}}$ となる。

　以上が，企業を見る財務諸表分析の基本的な考え方である。

　一方の株主の立場での分析では，会計アプローチが収益費用アプローチから資産負債アプローチに変化した今，株主の持分をどのように捉えるかが問題になる。なぜなら，資産負債アプローチの貸借対照表が計算するのは純資産であり，収益費用アプローチのように資本の調達源泉としての貸方全体および，その構成要素としての他人資本（負債）に対する自己資本（株主資本）は計算構造上問題とならないからである。しかし，貸借対照表では，「株主資本」が敢えて計上されている。これは企業に関わっている株主の投資額を示す。このような株主の第一の関心事は配当であり，配当の合理性についてさまざまな指標が考えられる。一方，同じ株主でも市場の株式投資家の立場になると，かれらの関心事は株価になる。この場合に考えられる会計数値は，資産負債アプローチの負債を控除した残余持分つまり最終的に株主に帰属する純資産になる。

　財務諸表分析において，収益性は企業の利益獲得能力を見るための指標である。したがって，収益性分析は，企業が利用している資産をいかに効率的に運用し利益を獲得しているのかを明らかにすることに目的がある。企業の経営内容の分析指標としては，この収益性の他にも，安全性や成長性などがある。しかし，企業の主たる目的は利益追求にあるので，収益性分析こそが財務諸表分析において最も重要である。本章では，この収益性分析を，比率分析を行うことを前提にして取り上げることとする。比率分析を用いることで，資産規模，すなわち，企業規模の差を排除した比較を行うことができるからである。

　ところで，収益性の分析は，2つの視点で行われる。1つは，企業それ自体を見る視点であり，その分析は資産を見る視点で行われる。もう1つは，企業への現在の投資家である株主の視点であり，この分析は株主資本を見る視点で行われる。

　そこで以下では，収益性の分析のための財務比率を説明するにあたり，まず，企業の立場からの分析指標を取り上げ，次に，株主の立場からの分析指標を取り上げることにする。

企業の立場からの分析

(1)　資産利益率

①　総資産当期純利益率
　これは，損益計算書の当期純利益を貸借対照表の総資産（期中平均）で割って求められる指標である。企業の全利益獲得活動の効率性を判断するための総合的な指標であり，**ROA**（rate of return on assets）とも呼ばれる。この比率が高ければ，効率性が高いと判断される。計算式は次のとおりである。

$$総資産当期純利益率（\%）＝\frac{当期純利益}{（期首総資産＋期末総資産）÷2}×100$$

　この比率を用いるときには以下の点に留意する必要があろう。

　まず，分子の当期純利益についてである。当期純利益の計算においては，負債利子である支払利息は控除されているが，配当金のような株主資本利子は控除されていない。つまり，当期純利益の本質は株主の利益である。したがって，支払利息，配当金ともに資金調達コストであるので，総資産利用の効率性を見る場合には，同じ様に取り扱うべきである。こうした観点から，分子の当期純利益に利子を加減算するなどの調整を行うのが理論的である。

　この場合に行われる調整については，企業観の違いによって2つの方向が考えられる。企業を出資者，経営者，債権者，従業員等からなる集合体と捉え，こうした利害関係者の観点から会計上の判断を行うものとする企業体理論の立場に立てば，たとえば債権者に対する支払利息（すなわち負債利子）は配当金と同様に費用ではなく利益の分配と考えられるので，分子の当期純利益に，これを加算するのが理論的である。

　他方，企業を出資者などの利害関係者とは無関係の独立の存在と考え，これらの利害関係者の観点ではなく企業それ自体の観点から会計上の判断を行うものとする企業主体理論の立場に立てば，株主への配当金（すなわち株主資本利子）は利益の分配ではなく費用と考えられるので，分子の当期純利益から配当金を控除するのが理論的である。

　また，分子の当期純利益に代えて，包括利益を用いたROAを利用することも考えられる。包括利益は，資産負債アプローチの立場を採用したときの利益であり，当期純利益にその他の包括利益を加減して算出される。その他の包括利益の中には，固定資産の中の投資有価証券に関わる，その他有価証券評価差額金のような未実現の時価評価差額が含まれている。

　ただ，ここで注意すべきは，その他有価証券の時価評価差額の総額が，その他の包括利益になるわけではないことである。たとえば，時価評価差益が生じている場合には，それに関連する税効果額を繰延税金負債とし，時価評価差益の総額から繰延税金負債を控除して求められる額がその他の包括利益となる。そして，この時価評価差益に相当する部分は，将来，その他有価証券を売却したときにキャッシュを増加させるが，他方で繰延税金負債に相当する部分は，将来の税負担額の増加に伴い，キャッシュを減少させる。したがって，ここで計上されるその他の包括利益は，将来において獲得が期待されるキャッシュの純額を意味することになり，この金額はその他有価証券の運用成果として捉えることが可能である。総資産当期純利益率の分母の総資産の中にはその他有価証券も含まれているから，企業による総資産の効率的な利用度合いを見る場合には，当期純利益よりも時価評価差額を含む包括利益を用いた方が理論的であるといえよう。

　このように考えると，資産負債アプローチの下では，ROAの分子としては，当期純利益よりも包括利益の方が妥当であるといえよう。また，分子として，「包括利益＋負債利子」と「包括利益－株主資本利子（すなわち配当金）」のいずれを採るべきかについては，企業観の違いによって次のように判断されよう。すなわち，企業体理論の立場に立てば前者が，企業主体理論の立場に立てば後者が，それぞれ望ましいということになる。

　次に，分母の総資産についてである。先に述べたように，企業それ自体を見ようとする立場では，資産の効率的な運用による利益獲得能力が問題とされる。この算式の分母に総資本が用いられている場合もあるが，利益は資産の運用によって得られるのであるから，分母は総資産とすべきである。ここでは，貸借対照表貸方の資本の収益性には焦点を当てない。総資本は，資本の調達先の違いから，他人資本（負債）と自己資本に分けられるが，企業の立場からすれば，収益性の分析にあたってこのような資本の調達先の違いを考慮に入れる必要はない。また，分母の総資産は期中平均の値を用いる。これは，期中の増資・減資ならびに配当等による資産の増減ないし，そのときどきの活動によって得られる値である利益に対応する資産を考えての便宜的な扱いである。

　ところで，分母の総資産の範囲を決めるときに，時として，繰延資産や繰延税金資産といった項目の取扱いが問題となる。繰延資産は実体がなく換金可能性のない資産ではあるが，将来のキャッシュの獲得に貢献するという理由で繰り延べられているので，運用資産として扱うべきであろう。また，繰延税金資産は将来の税金支出を減らす効果があるという意味でキャッシュの増加が見込まれるものである。将来の税金支出削減の効果があるかどうか(すなわち回収可能性があるかどうか)の厳密なテストを受けた上で計上されている限り，繰延税金資産も運用資産として分母の総資産に

含めるべきであろう。

　以上が，総資産当期純利益率によって総資産の効率性を総合的に見る際の留意点である。ところで，この指標以外にも，分子の段階別利益，つまり，経常利益，営業利益に対応する形で分母の資産を決めていけば，ROAを展開し，各種の資産利益率を導くことができる。以下では，その中で一般に用いられている指標を見ていくことにしよう。

②　総資産経常利益率

　これは，企業活動にとって例外的な事象に基づく損益（特別利益，特別損失）を除く，企業の正常な収益力としての業績を示す経常利益を貸借対照表の総資産（期中平均）で割って求められる指標である。この指標によって，企業が正常な業績を上げるために総資産がどの程度効率的に運用されたかがわかる。計算式は次のとおりである。

$$総資産経常利益率（\%）= \frac{経常利益}{（期首総資産＋期末総資産）÷2} \times 100$$

　しかし，企業の収益性をこの指標によって判定することには，これまで述べた問題がある。つまり，分母の総資産の中には負債による運用部分が含まれているにもかかわらず，分子の経常利益はその計算にあたって支払利息などの負債利子が除かれてしまっている。したがって，総資産経常利益率は収益性の指標としては，理論的に，厳密なものであるとはいえず，損益計算書上の数値をそのまま使用する実践的・簡便的なものである。

　このような総資産経常利益率の問題点を修正した収益性の指標としてあげられるのが，次の総資産事業利益率である。

③　総資産事業利益率

　この指標は，企業体の正常な利益である「事業利益」を総資産（期中平均）で割って求められる。事業利益は損益計算書に計上されている数値ではない。そこで，経常利益に負債利子である支払利息，社債利息などを加算して事業利益を求める必要がある。この比率の計算式は次のとおりである。

$$総資産事業利益率（\%）= \frac{経常利益＋支払利息（負債利子）}{（期首総資産＋期末総資産）÷2} \times 100$$

　このように，企業それ自体を見る視点から収益性の分析を行う場合には，負債に対応する資産の運用成果，すなわち社債利息などを含む支払利息（負債利子）も分子に含める必要がある。

　この他に，総資産事業利益率は，次のように示される場合もある。

$$総資産事業利益率（\%）= \frac{営業利益＋受取利息・配当金＋持分法による投資損益}{（期首総資産＋期末総資産）÷2} \times 100$$

　この計算式によると，企業自体の視点から，営業活動の成果である営業利益に投資活動の成果である受取利息・配当金および持分法による投資損益を加えた金額と，これらの成果の獲得に貢献し

た資産である総資産額とが直接，対比されることになる。ここでは，営業利益に，投資活動による成果が加算されることにより，企業自体から見た営業・投資活動の利益が直接計算されている。

　なお，一般に営業外損益項目には，受取利息・配当金，持分法による投資損益，負債利子以外の項目（たとえば，有価証券売却損益・評価損益，為替差損益など）も含まれるので，上記2つの算式によって求められる総資産事業利益率は通常一致しない。

　総資産事業利益率が総資産の運用の効率性を判定する際の代表的な指標と言えるが[1]，この比率による判定にまったく問題がないわけではない。というのは，分母の総資産の中には，実際に事業利益の獲得のために使用されているとはいえない資産が含まれているかもしれないからである。この点を考慮に入れた比率が，次の使用資産事業利益率である。

④　使用資産事業利益率

　この比率は，事業利益の獲得のために実際に使用されている資産だけを用いて計算される。より厳密に資産の収益力を見るためには，総資産から企業活動に利用されていない資産を差し引くことで求められる使用資産を用いることが必要になるのである。この指標は次のように，事業利益を使用資産（期中平均）で割って求められる。

$$使用資産事業利益率（\%）＝\frac{事業利益}{（期首使用資産＋期末使用資産）÷2}×100$$

　使用資産そのものは貸借対照表に示されていないので，この金額を算出する必要がある。理論的には，事業利益の計算要素である収益および費用に関連する資産が使用資産となる。しかし，実際の貸借対照表から利益獲得のために使用された資産を特定するのは難しい。そこで，使用資産は，建設仮勘定，ソフトウェア仮勘定のように明らかに使用されていない科目（資産）を総資産から差し引くことによって求められる。なお，使用資産との対応関係からは問題が残るが，分子に経常利益を用いるのが，損益計算書をそのまま利用した通常の方法である。すなわち，**使用資産経常利益率**である。

　このように，使用資産事業利益率は，企業活動に使用されている資産の収益性を問題にしているが，もっぱら営業活動に焦点を当て，そこでの収益性を判定することも重要である。その際，用いられるのが次の営業資産営業利益率である。

⑤　営業資産営業利益率

　これは，企業の主たる活動である営業の成果を意味する営業利益を，当該利益の獲得のために使用した営業資産で割って求められる指標で，次の計算式によって求められる。

$$営業資産営業利益率（\%）＝\frac{営業利益}{（期首営業資産＋期末営業資産）÷2}×100$$

　使用資産と同様に，営業資産の数値も貸借対照表上で単独で示されていない。したがって，この数値を求めなければならない。理論的には営業利益の計算要素である営業収益と営業費用に関連す

る資産が営業資産となるが，実際の貸借対照表から営業資産を特定するのは難しい。そこで，使用資産の場合と同様に，営業資産も，仮勘定や投資その他の資産のように明らかに営業に関わらない科目（資産）を総資産から差し引いて求める[2]。

　以上，各種の資産利益率について説明してきた。収益性分析を行う際には，算出された資産利益率は期間比較の他，同業他社や業種平均値などと比較されるが，比較により差が見られた場合には，その差が生じた原因を解明することが重要となる。その時に一般に用いられる手法が資産利益率の分解である。次にその内容について説明することにしたい。

⑥　資産利益率（ROA）の分解

　資産利益率（総資産当期純利益率）は，一般に次のように分解される。

$$\frac{当期純利益}{総資産} = \frac{当期純利益}{総収益} \times \frac{総収益}{総資産}$$

　ここで，右辺の「当期純利益／総収益」は総収益利益率（利益対総収益比率とも呼ばれる。なお，一般に収益利益率，利益対収益比率のことを以下では単に利益率と呼ぶこともある）であり，利益率が増加すればROAも増加する。「総収益／総資産」は，回転率（総資産回転率とも呼ばれる。一般に，収益対資産比率と呼ぶこともある）である。回転率はどの程度資産を効率的に運用したのかを表す比率である。総資産に対して総収益が大きいほど回転率が高いということになる。当期純利益が生じている企業を前提とすれば，回転率が高くなるほどROAも高くなる（なお，回転率については，第4章の1，46-47ページで解説されているので参照のこと）。

　このように，ROAを利益率と回転率とに分解することによって，企業間比較や業種平均値との比較により判明したROAの差の原因分析が可能となるのである。なお，商品の販売価格を引き上げるなどして利益率を高めた結果，商品の売れ行きが悪くなる（すなわち回転率が低下する）こともあるので，利益率と回転率の相互作用には十分注意する必要がある。

　ところで，利益率，回転率とも，分子と分母にどのような項目を用いるかによって，複数のタイプのものが考えられる。以下では，まず利益率と，利益に関連する指標である費用対収益比率を見ることにしよう。

(2)　利益対収益比率および費用対収益比率

①　総収益当期純利益率

　これは，損益計算書における総収益に対する当期純利益の割合を示す指標である。企業の総合的な収益性を見るときに利用される指標であり，高いほど望ましい。計算式は次のとおりである。

$$総収益当期純利益率（\%） = \frac{当期純利益}{総収益} \times 100$$

　ここで，分母の総収益は，売上高，営業外収益，特別利益を合計したものである。分母を総収益

とするのは，当期純利益は総収益から総費用を差し引いて求められる数値だからである。この点からすれば，たとえばよく実務で見られる「売上高経常利益率」や「売上高当期純利益率」といった指標は理論的ではない。

ところで，先に取り上げた総資産当期純利益率は貸借対照表と損益計算書を利用して求められる総合的な収益性指標であった。それに対して，総収益当期純利益率は損益計算書の利用だけで計算できる指標である。

総収益当期純利益率は当期純利益の計算における確定した収益と費用を用いた比率であるので，通常は，当期純利益に対して前に述べた負債利子や株主資本利子の調整は行わない。ただし，分解の対象となる総資産当期純利益率にこうした利子の調整がなされている場合には，総収益当期純利益率についても同様の調整を行うこととなる[3]。

この総収益当期純利益率の他にも，分母の収益と分子の利益の組み合わせにより，各種の利益対収益比率を考えることができる。以下では，このうち一般に用いられる比率を取り上げることにしよう。

②　売上高売上総利益率

これは，損益計算書上の売上高に対する売上総利益の割合を示す指標であり，**売上高総利益率**，**粗利益率**とも呼ばれる。計算式は次のとおりである。

$$売上高売上総利益率（\%）= \frac{売上総利益}{売上高} \times 100$$

この指標は，1個当たりの商品・製品の次元で考えれば，その販売価格に対する利益の割合を示しているので，商品・製品そのものの収益性を表している。この利益率を高めるためには，たとえば，販売価格を引き上げて商品・製品1個当たりの利益の割合を増加させればよいし，販売価格を維持せざるを得ない場合は1個当たりのコストを引き下げればよい。また，取り扱う商品・製品が複数の場合には，販売品の構成を変えてこの利益率の高い商品・製品の売上高を増加させることで，企業全体の売上高売上総利益率を上昇させることができる。

なお，売上高売上総利益率は，企業が取り扱う商品・製品の種類によって通常異なるため，この指標を用いて企業間比較を行う際には，同じ商品・製品を扱う企業を選択する必要がある。

③　売上高売上原価率

これは，損益計算書上の売上高に対する売上原価の割合を示す指標であり，**売上原価率**あるいは単に**原価率**とも呼ばれる。売上高売上総利益率が販売による利益の増加に着目しているのに対して，この売上高売上原価率は，原価低減による利益の増加を問題にしている。計算式は次のとおりである。

$$売上高売上原価率（\%）= \frac{売上原価}{売上高} \times 100$$

　この指標は，1個当たりの商品・製品の次元で考えれば，その販売価格に対する仕入原価・製造原価の割合を示している。売上高から売上原価を差し引いて売上総利益が求められるので，売上高売上原価率が上がれば（下がれば），売上高売上総利益率は下がる（上がる）。なお，両者の関係は次式によって表される。

$$売上高売上総利益率 = \frac{売上高 - 売上原価}{売上高} = 1 - \frac{売上原価}{売上高}$$

　このように，売上高売上総利益率と売上高売上原価率は表裏の関係にあるが，前者が価格政策による収益性の増加に注目しているのに対し，後者はコスト削減による収益性の増加に注目している。

　売上高売上原価率が下がれば，商品・製品の収益性が高まることになるが，売上原価を下げる方法としては，たとえば，卸・小売業では商品仕入価格の引き下げ，製造業では材料の仕入価格や生産過程における製造原価（材料費，労務費，経費）の引き下げが考えられる。製造業では，製品の収益性を高めるための方策として製造原価の引き下げが重要な課題となっており，その意味で，売上高売上原価率は特に注目される指標となっている。

④　売上高営業利益率

　これは，損益計算書上の売上高に対する営業利益の割合を示す指標であり，次の計算式で求められる。

$$売上高営業利益率（\%）= \frac{営業利益}{売上高} \times 100$$

　分子の営業利益は，売上総利益から販売費及び一般管理費を差し引いたものである。販売費及び一般管理費は，企業の販売部門の活動と管理部門の活動に関連して発生する費用であり，売上原価とともに，企業経営者にとって管理可能な費用である。売上高営業利益率が高ければ，本業の収益性が良好であることを意味する。

　この比率が大幅に低下したときは，売上高売上総利益率の段階で低下しているのか，それとも売上高営業利益率の段階で低下しているのかを見極める必要がある。後者の段階での低下が顕著であれば，営業利益は，売上高から売上原価と，販売費及び一般管理費を差し引いて求められる数値であるので，販売費及び一般管理費に目を配らなければならない。

　売上高売上原価率についてはすでに説明したので，次に，売上高販売費及び一般管理費率を見ることにする。

⑤　売上高販売費及び一般管理費率

　これは，損益計算書上の売上高に対する販売費及び一般管理費の割合を示す指標であり，次の計算式で求められる。

$$売上高販売費及び一般管理費率（％）＝\frac{販売費及び一般管理費}{売上高}\times100$$

　前述のように，販売費及び一般管理費は，企業の販売活動と管理活動に関連して計上される費用である。したがって，この比率によって販売や管理の能率を見ることができる。比率が低いほど，効率的な販売や管理が行われているといえる。

　販売費及び一般管理費の中で比較的多額になる項目としては，給料などの人件費，広告宣伝費，減価償却費などがある。期間比較の結果，売上高販売費及び一般管理費率が上昇しているようなときには，これらの項目の変化に注意するとよい。

　さて，言うまでもなく，企業が利益を得るにあたって中心となる活動は販売活動である。販売活動に先立つ営業活動として仕入，生産活動もあるが，利益の獲得にとって決定的な活動は販売である。こうした販売活動とそれ以外の管理活動を踏まえると，企業の主たる営業活動の収益性を判定するための基本的な利益率は先に取り上げた売上高営業利益率となろう。とはいえ，企業は，販売を中心とする営業活動の他にも，投資活動や財務活動を行い，利益を獲得しているのも事実である。そこで，これらの活動を総合した企業活動全般の収益性をみる必要が出てくるが，その指標としてあげられるのが次の経常収益経常利益率である。

⑥　経常収益経常利益率

　これは，損益計算書における経常収益に対する経常利益の割合を示す指標であり，次の計算式で求められる。

$$経常収益経常利益率（％）＝\frac{経常利益}{経常収益}\times100$$

　ここで分母に経常収益（売上高に営業外収益を加えた額）を用いるのは，分子の経常利益の計算において営業外収益が加算されているからである。その意味で，この指標は，分母を売上高とした売上高経常利益率よりも理論的である。

　経常利益は，企業の営業活動のほかに投資活動や財務活動をも含めた企業活動全般の利益である。そのため，この比率は企業活動本来の正常な収益力を見る場合に重要な指標となる。期間比較の結果，売上高営業利益率に変化はないのに，経常収益経常利益率が変化している場合には，営業外収益および営業外費用の項目を見てその原因を探ることになる。とくに営業外費用項目である支払利息の額については，借入金の多寡に影響を受けるので，同時に貸借対照表貸方の資本構成にも注意する必要がある。

　以上，資産の効率的利用の程度を示す資産利益率が，利益率（利益対収益比率）と回転率に分解できることを受け，⑵では，まず利益率を主に取り上げ，それに関連する各種の指標を検討してきた。次に，⑶では，資産利益率のもう1つの要素である回転率について見ることにしよう。

(3) 回 転 率

① 総資産回転率

これは，損益計算書から計算される総収益を総資産（期中平均）で割った指標であり，次の計算式によって求められる。

$$\text{総資産回転率（回）} = \frac{\text{総収益}}{（\text{期首総資産}＋\text{期末総資産}）÷ 2}$$

分子の総収益は，売上高，営業外収益および特別利益の合計である。分母の総資産は，総収益との対応を考慮に入れ，期中平均値を用いることになる。実務上，分子には経営者が主体的にコントロール可能な売上高（営業収益）のみを用いる場合が多いが，ここでは，会計数値上の論理性を踏まえて，営業活動だけではなくすべての企業活動によってもたらされる総収益を用いる。そして，分母にはすべての企業活動によって利用されている資産，すなわち総資産が用いられるわけである。

この指標は，総収益が投資総額を何回回収したのかを，言い換えると，投資総額が会計期間中に総収益に対して何回使用されたかを表している。高い回転率は，総資産の利用効率が良好であることを意味するが，前述のようにそれはまた総資産利益率（ROA）を高める効果をもつ。

② 営業資産回転率

これは，損益計算書上の売上高を貸借対照表上の営業資産（期中平均）で割った指標であり，次の計算式によって求められる。

$$\text{営業資産回転率（回）} = \frac{\text{売上高}}{（\text{期首営業資産}＋\text{期末営業資産}）÷ 2}$$

ここでは，企業の主たる活動である営業活動に使用されている資産の回転率を求めているのであるから，分母には営業資産を用い，分子は営業収益である売上高を用いるのが理論的である。また，前述のように，分母の営業資産は特定化が難しいので，明らかに営業資産でない項目を総資産から差し引いて求めるのが実践的である。

この回転率は，営業資産への投資額が期間中に売上高に対して何回転したのかを表している。この回転率が高いほど，企業の営業活動が効率的に行われており，営業資産の利用効率が良好であることを意味する。

営業資産回転率は，さらに営業資産を細分し，棚卸資産の効率を見る**棚卸資産回転率**や**売上債権回転率**，**仕入債務回転率**へと展開されていく。ところで，回転率が高い，すなわち運用効率が高いことは同時に，そこに投下される資金が少なくて済む。つまり，資金効率（支払い流動性）の見地から，これらの回転率を取り上げることもできる。本書はこれらの回転率をこの立場で扱っている。

ところで，資産の中には，流動資産のように営業循環の中や一年以内に回転する回転期間の短いものと，その回転が遅い固定資産とがあり，この固定資産が回転の遅さ（悪さ）を決定する。そこで，この固定資産の回転率に注目する必要が出てくる。

③　固定資産回転率

　これは，損益計算書に計上されたすべての収益を貸借対照表上の固定資産（期中平均）で割った指標であり，以下の計算式によって求められる。

$$固定資産回転率（回）= \frac{総収益}{（期首固定資産＋期末固定資産）÷ 2}$$

　この回転率の分子は，企業活動によって獲得されたすべての収益，すなわち売上高，営業外収益，特別利益の合計額である。分母はこの総収益を得るのに貢献した固定資産の期中平均値である。この指標は，企業が保有している固定資産が総収益に対して何回転したのかを表している。回転率が高いほど固定資産利用の効率性が高いことを意味する。固定資産は企業の長期の構造を決定する拘束性の高い資産であり，業種によって保有割合が異なる。製造業は商品販売業に比べて多額の固定資産を必要とするから，固定資産回転率は製造業の方が商品販売業よりも低くなる。この意味で，この比率は同種企業間での比較が重要となる。

　また，固定資産は長期的な視野で保有される資産であるから，期間ごとにその金額が大きく変化することはあまりない。したがって，固定資産回転率を高めるためには，一般に総収益をいかに増やすかが問題となる。

　固定資産は，有形固定資産，無形固定資産，投資その他の資産の3つから構成される。そこで，生産・販売といった企業の主たる活動に直接に貢献し，金額も相対的に大きく，さらに拘束されている姿が眼に見える，有形固定資産に焦点を当てた回転率（**有形固定資産回転率**）が用いられることも多い。この回転率は，損益計算書上の売上高を貸借対照表上の有形固定資産（期中平均）で割って求められる。分子に売上高（営業収益）が用いられるのは，有形固定資産が企業の営業活動に貢献する資産だからである。したがって，建設仮勘定は，いまだ稼働しておらず収益の獲得に貢献していないのであるから，分母の有形固定資産には含めない。

　以上，本節では企業それ自体を見る視点から収益性の分析について説明してきた。ここで基本となる指標は，資産利益率（ROA）であった。利益は資産の運用によって生み出されるのであるから，利益を資産と対比させることによって企業の資産がいかに効率的に運用されているのかがわかる。なお，ここでは企業の立場からの分析であるので，他人資本，自己資本という資本の調達源泉の違いを考慮に入れる必要はない。

　この資産利益率については，分子の利益に対応する形で分母の資産を決めていくことで各種の指標を考えることができる。そこで，主な資産利益率を取り上げてその意味について考察した。ここでは，とくに総資産当期純利益率の分子の利益が株主のための利益であることに注目し，企業観に基づく負債利子，株主資本利子の当期純利益への調整問題，当期純利益に代えて包括利益を用いることの妥当性などについて検討した。

　さらに本節では，資産利益率が利益率（利益対収益比率）と回転率に分解されることから，それぞれについて代表的な指標を示し，その意味について解説してきた。次節では，企業への投資家である株主の視点からの収益性の分析に目を向けることにしよう。

株主の立場からの分析

(1)　資本利益率

①　株主資本当期純利益率[4]

　ここでは，株主の立場からの分析指標について見ていくが，株主の立場については，さらに現在株主の立場と株式投資家の立場とに分けて考えるのが理論的である。というのは，現在株主と株式投資家では，分析の視点が異なるからである。

　現在の株主にとっては，自らが投資した資本，すなわち株主資本が効率的に運用されているかどうかが重要な関心事となろう。他方，株式投資家にとっては企業価値の測定に関心を持つであろう。すなわち，彼らにとっての関心事は株価（企業価値）であり，会計数値で言えば純資産になると考えられる。ただし，現実には，株価と（1株当たり）純資産は一致しない。会計数値である純資産は，市場価値などの時価を完全に反映した数値ではないし，企業内で生じた超過収益力を意味する自己創設のれんといった項目も含んではいない。純資産は，帳簿記録を基にし，会計上の判断を加えながら計算された数値であるのに対して，株価は将来の経済情勢や企業業績などに対する投資家の期待によって決まる。したがって，株価と純資産とは乖離するのが通常である。

　さて，ここで取り上げる株主資本当期純利益率は，現在の株主が自らの投資を経営者に任せておいてよいかどうかの判断材料になるという意味で，第一義的には，現在の株主にとって利用される指標であると考えることができるが，これから株式の購入を考えている投資家にとっても，市場金利との比較などを通して，投資判断を行う場合に有用な情報となりうる。

　この指標は，**ROE**（rate of return on equity）とも呼ばれ，次のように当期純利益を株主資本（期中平均）で割って求められる[5]。

$$株主資本当期純利益率（\%）＝\frac{当期純利益}{（期首株主資本＋期末株主資本）÷2}×100$$

　分子の当期純利益は，個別財務諸表では損益計算書の最終利益であるが，これは，この時点で株主に帰属する利益を意味する。分母の株主資本は，企業に関わっている株主の投資額を意味し，資本金，資本剰余金および利益剰余金から構成される。他方，連結財務諸表では，株主資本当期純利益率の分母の株主資本は，親会社の株主資本となるから，それとの対応関係を考えれば，分子の当期純利益は，「親会社株主に帰属する当期純利益」とするのが正しい。連結損益計算書における「当期純利益」は，非支配株主に帰属する当期純利益をも含む連結体全体の株主の利益であるから，株主資本とは対応しない。なお，この比率は，本来は投下された株主資本（期首）がどの程度回収されたのかを見るものであるが，期中における資本の変動分を考慮に入れることから株主資本は期中平均の値とする。

　ところで，以上の現在の株主（株主資本効率性）のためのROEの他にも，資産から負債を控除した純資産（つまり残余持分）の見方に立つ，配分（持分権）のためのROEもある。後者のROEは，

市場の株式投資家の立場に立つものであり，ROEの分母には，負債控除後持分（純資産）が用いられる。この場合，分母の持分にはその他の包括利益累計額が含まれていることから，分子には包括利益を用いるのが理論的である。

②　資本利益率(ROE)の分解

企業間比較や期間比較により，株主資本当期純利益率（ROE）に差が見られた場合には，なぜそのような差が生じたかについてさらに検討する必要がある。その際には，ROEを次のように分解してみるとよい。

$$株主資本当期純利益率 = \frac{当期純利益}{総収益} \times \frac{総収益}{株主資本}$$

ここで，右辺の「当期純利益／総収益」が総収益当期純利益率であり，「総収益／株主資本」が株主資本回転率である。このように分解することにより，どちらの比率が，株主資本当期純利益率の差の原因となっているかを調べることができる。

さらに，次のように，株主資本当期純利益率を3つに分解することもできる。なお，右辺の総資本の代わりに総資産を用いる場合もあるが，ROEは貸借対照表貸方の資本の収益性を意味しており，資本構成を表す項目も含まれていることから，ここでは資本構成を考える総資本を用いる。また，株主資本および総資本については，本来は期首時点の数値で捉えるべきであるが，期中における資本変動分を考慮に入れることから，便宜的に期中の平均値を用いる。

$$株主資本当期純利益率 = \frac{当期純利益}{総収益} \times \frac{総収益}{総資本} \times \frac{総資本}{株主資本}$$

ここで，右辺の「当期純利益／総収益」は総収益当期純利益率であり，「総収益／総資本」は総資本回転率である。そして，「総資本／株主資本」は資本構成に関する比率（株主資本比率の逆数）で，財務レバレッジ（financial leverage）と呼ばれている。ここで，ROEと財務レバレッジとの関係に目を向けると，たとえば，当期純利益が生じており，総資産事業利益率が負債利子率を上回っている場合には，総資本に占める負債の割合が高まると，財務レバレッジが上昇し，その結果，ROEも改善する可能性があるということになる。このように，財務レバレッジは負債利用度（負債依存度）を意味しており，また，負債の利用がROEに与える影響のことを財務レバレッジ効果という。次章で分析するように，負債への依存度を高めることは，一般に，財務の安全性の観点からは望ましくないと言えようが，収益性（ROE）の観点からは有利となる。

(2)　配当性向と1株当たり当期純利益

①　配当性向

これは，配当金の支払額を当期純利益で割って求められる指標である。計算式は次のとおりである。

$$配当性向（\%）= \frac{配当金}{当期純利益} \times 100$$

　配当金の支払額については，株主資本等変動計算書の「剰余金の配当」の金額を使う[6]。この計算式からわかるように，配当性向は企業が当期純利益の中からどの程度を配当に充てたかを示しており，企業の株主への配慮の様子を知ることができる。なお，連結財務諸表では，この指標の分母は，「親会社株主に帰属する当期純利益」となる。

　配当性向は，企業の配当方針によって影響を受ける。たとえば，利益の多寡に応じて毎期の配当額を増減させるという配当方針ではなく，毎期の1株当たり配当額を一定に保つという配当方針（安定配当政策）を採用する場合には，利益の変動によって配当性向がより大きく変動することになる[7]。

　配当性向については，高い低いだけではその良否を判断できない。配当性向が高くなれば受け取る配当額が増えるので，現在の株主にとっては好都合かもしれない。しかし，とくに将来の株主にとっては，反対に配当性向が低いことを望むかもしれない。というのは，配当性向が低いほど利益のうち社内留保（積立金や繰越利益剰余金）に回る部分が多くなるが，社内留保による資金は有効に運用されることにより将来の利益をもたらすかもしれないからである。

②　1株当たり当期純利益

　これは，当期純利益を発行済株式総数で割って求められる指標である。計算式は次のとおりである。

$$1株当たり当期純利益（円）= \frac{当期純利益}{発行済株式総数}$$

　分子は損益計算書に示されている当期純利益であり，分母は発行済株式の期中平均数である[8]。なお，連結財務諸表では，この指標の分子は「親会社株主に帰属する当期純利益」となる。1株当たり当期純利益は，株式投資の収益性を表す指標であり，EPS（earnings per share）という用語で広く知られている。1株当たり当期純利益が大きいほど，投資の収益性が高いことになる。また，当期純利益は配当金の基礎となる数値であるから，1株当たり当期純利益は企業の配当能力を判断する際の指標としての側面もある。

❸　本章のまとめ

　以上，本章では，企業それ自体を見る視点と企業への投資家である株主の視点から，収益性の分析を検討してきた。前者の視点からは企業がいかに資産を効率的に運用して利益をあげているかを見ることがポイントとなる。したがって，資産利益率（ROA）が主要な分析指標となる。

　資産利益率については，損益計算書上のどの利益を分子とし，その利益に対応する形で分母の資産を決めていくことにより，企業活動の内容に応じた各種の指標が求められる。本章では基本的な

指標である総資産当期純利益率を中心に各種の資産利益率を取り上げた。また，企業観の相違により会計上の判断が変わることで，分子の当期純利益の内容も異なってくる点を指摘し，さらに当期純利益に代えて包括利益を用いることの意味についても考察した。

　ところで，実際に企業間比較や期間比較を行い，資産利益率に差が見られた場合には，その原因の解明が重要となる。その手法として一般的に用いられているのが，資産利益率の分解である。資産利益率は利益率（「利益対収益」）と，回転率（「収益対資産」）とに分解される。そこで，本章では利益率と回転率についても各種の指標を示し，その意味内容について解説した。

　次に後者の株主の視点であるが，この視点はさらに現在の株主の視点と株式投資家の視点に分けて考えることができる。現在の株主は，自らが拠出した資本の効率的な運用に関心を持つであろう。したがって，ここでの重要な指標は，資本利益率（ROE），すなわち株主資本当期純利益率となろう。資本利益率も，資産利益率の場合と同様に，利益率，回転率などに分解することにより，さらに進んだ分析が可能となる。また，現在の株主は，資本提供に対する報酬である配当金にも関心を持つであろう。そこで，本章では配当に関する指標も取り上げた。

　他方，市場の株式投資家にとっての関心は株価にある。そこで，本章では，収益性の分析指標として，株価に対応する会計数値である純資産（負債控除後持分）を分母とするROEにも触れた。なお，株価を対象とした投資家の立場からの更なる分析については，第7章で検討することにしたい。

　ところで，株主，債権者などの企業の利害関係者にとっては，本章で取り上げた企業の収益性とともに支払能力を分析することも大切である。実際に，財務レバレッジ効果による収益性の改善を期待して負債への依存度を高めた結果，支払能力が悪化し，企業の存続が危うくなることも考えられるからである。そこで，次章では，安全性の分析を見ることにしたい。

（注）

1　この指標を用いて経営者の業績の良否を判定する際には，通常，業種平均値や同業他社との比較が行われる。その他，この指標と長期市場金利との比較も意味がある。長期市場金利との比較を行う場合は，経済全体の中での投資先として企業の妥当性が判断される。総資産事業利益率が長期市場金利よりも低い場合には，この企業へ投資するよりも長期国債などに投資した方が有利と判定される。

2　営業資産は，おおよその目安としては，正常な営業循環過程の中にある資産（現金及び預金，受取手形や売掛金，棚卸資産など）と，営業活動に貢献している有形・無形固定資産（建設仮勘定を除く）からなる。なお，「投資その他の資産」は明らかに企業の営業活動に使用されている資産ではないので，営業資産には含めない。

3　先に取り上げた総資産事業利益率については，これを総収益事業利益率と総資産回転率に分解することができる。総収益事業利益率は，損益計算書上の利益（経常利益または営業利益）に利子などの調整を行った事業利益を総収益で割って求められる指標である。

4　なお，実務では，自己資本当期純利益率という指標が用いられることもある。「企業内容等の開示に関する内閣府令」第二号様式では，自己資本を，純資産額から新株予約権の金額と非支配株主持

分の金額を控除して求められる額としている。

5　ここで使われているequityという用語は，株主持分という意味である。equityは，広い意味では株主持分に加えて債権者持分（負債）を含む概念であり，一般に資金提供者が企業資産に対して有する請求権のことをいう。

6　その他資本剰余金から配当が行われることもあるが，これは利益からの配当ではないので，この指標の配当金の額には含めないのが理論的である。

7　安定配当政策を採用する場合には，配当性向は，一般に，業績が良いときには低くなり，業績が悪いときには高くなる。すなわち，この政策の下では，業績が良いときでも（当期純利益が増加しても），配当額は一定のままで良いので配当性向は低くなる。他方で，業績が悪いときには配当額を一定に保つために，当期純利益だけではなく，過去の留保利益である繰越利益剰余金を財源として配当が行われることもあり，また，任意積立金（配当平均積立金など）を取り崩して同額だけ繰越利益剰余金を増加させ，その額を配当財源とすることもある。このような場合には，配当性向は高くなり，時として100％を超えることもある。

8　なお，わが国の企業会計基準第2号「1株当たり当期純利益に関する会計基準」によれば，分子は，損益計算書上の当期純利益から普通株主に帰属しない金額を差し引いて求められる「普通株式に係る当期純利益」であり，分母は，普通株式の期中平均発行済株式数から普通株式の期中平均自己株式数を差し引いて求められる「普通株式の期中平均株式数」である（12項）。

このほか，「潜在株式調整後1株当たり当期純利益」という指標もある。この指標は，普通株式に係る当期純利益に当期純利益調整額を加えた額を，普通株式の期中平均株式数に普通株式増加数を加えた株式数で割って求める（21項）。

ここで，潜在株式とは新株予約権や転換証券のように普通株式の取得や普通株式への転換請求の権利が付された証券等のことをいう（9，10，11項）。権利行使されることで新たに増加する株式数が，普通株式増加数である。また，転換負債の支払利息のように，株式に転換されることで発生しなくなる費用については，当期純利益調整額として普通株式に係る当期純利益に加える（28，29項）。

潜在株式に係る権利行使を仮定して計算された潜在株式調整後1株当たり当期純利益が，通常の1株当たり当期純利益を下回る場合に，この潜在株式は希薄化効果をもつとされ，希薄化による影響度合いを投資家に伝えるために，**潜在株式調整後1株当たり当期純利益**の開示が必要となる（20，23項）。

（参考文献）

- 新田忠誓他『会社決算書アナリスト試験公式テキスト（第3版）』ネットスクール出版，2020年。
- 新田忠誓，木村晃久，中村亮介他『全商　会計実務検定試験テキスト　財務諸表分析（十訂版）』実教出版，2020年。
- 小川洌『経営分析の理論と実務』税務研究会出版局，1976年。
- 桜井久勝『財務諸表分析（第8版）』中央経済社，2020年。
- 平澤英夫『新訂 財務諸表分析』日本経済評論社，1984年。

┨ 第6章 ┠

安全性の分析

Summary　　企業の安全性を脅かすものは資産の出となる負債の存在である。資産の出については，短期に出となるものつまり短期負債と，短期には手当てしなくてもよいものの将来の出を考えなければならないもの，つまり長期負債とがあり，安全性は，これら負債の存在に合わせて，短期的視点と（狭義の）長期的視点を含めた構造的視点（広義の長期的視点）で分析される。

　　短期的視点では，企業が負債に対応できること，すなわち当面の返済に対応できる資産の存在が問題となり，分母にまず負債がおかれ，この負債に対応して分子の資産が決められていく。これを算式で示すと「資産／負債」となる。

　　他方，長期的および構造的視点では，資産を脅かす存在として負債の質が問われる。したがって，この分析では，資産に占める負債の割合が問題となり，分母に資産，分子に負債がおかれるのが原則である。これを算式で示すと「負債／資産」となる。

　　このように，短期と長期では，原則として，分母と分子の係数が反対になる点に特徴があり，計算された数値の良否の判断が反対になる点に注意を要する。

　　なお，狭義の長期的視点すなわち長期負債のみを取り上げる場合には，この長期的負債に対応する資産を考えるので，負債が分母になり，分子に対応資産がくる「資産／負債」の形になるのが原則である。

　　以上が，安全性分析の基本であるが，負債の存在により，企業経営に影響を与えるのものとしては，支払利息が存在する。したがって，収益に対する費用の側面で，このマイナス要素について考えることも必要になる。

　　さらに，そもそも負債の存在は企業の資金調達活動およびこれを求める資金の運用（投資）活動からきている。このように見ると，当期の資金の運用・調達活動の情報の利用も必要になり，これを表示したキャッシュ・フロー計算書も安全性の分析においてさまざまな形で使用される。

ストック（時点）の安全性

　ある時点における企業の安全性を評価するためには，負債の存在に着眼する必要がある。負債とは，過去の事象から発生した企業の現在の債務で，その決済により，経済的便益を有する資源が当該企業から流出することが予想されるものである（第1部第1章）。ここでの資源とは，過去の事象の結果として企業が支配し，かつ，将来の経済的便益が当該企業に流入すると期待される資源である資産を意味する。負債の存在はその決済から資源の流出を予想させるのであるから企業活動にとって危険要素を意味することになり，この負債の分析を通じて企業の安全性を評価することになる。

　制度会計上，負債は，流動負債と固定負債に区分して表示される（第1部第2章）。正常な営業循環の過程内にある項目がまず流動負債とされ（営業循環基準），次に，この営業循環過程外とされた項目のうち決算日の翌日から起算して1年以内に入金または支払いの期限が到来するものが流動負債とされる（1年基準）。つまり，これらの負債は翌期の貸借対照表すなわち企業から消滅する[1]。したがって，企業活動に関連する短期的な時間の中で資産の流出が予想され，これに対応しなければならない流動負債と，長期的な時間の中で資産の流出が予想される固定負債との区分に留意して，企業の安全性の分析が行われることになる。

　以下では，企業の安全性を短期的な視点と，長期的な視点を含めた構造的視点とに区分して，分析のための指標を扱うことにする。

(1)　貸借対照表による分析

　財務諸表の中で，負債が計上されるのは，貸借対照表である。そこで，これを用いた分析を行う。

(1)-1　短期の安全性

　短期的な視点に立って企業の安全性を評価するためには，負債で資産を割る次の計算式が意味を持つ。

$$\text{短期的な安全性に関する指標（％）} = \frac{\text{資産}}{\text{負債}} \times 100$$

　分母にある負債は，短期的に資産の流出を企業に求めるものである。他方，分子にある資産は，この返済に応えることのできる流動的な形を有する経済的な資源でなければならない。すなわち，この指標は，分母の負債の返済に対応できる資産の割合（対応度合）を表す。

　短期の安全性に関して，以下では，流動比率，当座比率および売上債権対仕入債務比率を扱う。

①　流動比率（銀行家比率）
　この指標は，貸借対照表の流動資産を流動負債で割る，次の計算式で求められる。

$$流動比率（\%）= \frac{流動資産}{流動負債} \times 100$$

　この算式の分母には，営業循環過程内で資産の出となる流動負債と1年以内に同じく資産の出を伴う流動負債，つまり企業が短期に履行すべき金額が計上される。この計算式は，流動負債に対し，分子に流動資産を用いることにより，計算上，当該負債に対する義務を果たした上での余裕度（100%を下回る場合には，資金的逼迫度）がどれだけあるかをみる指標である。すなわち，流動比率は，短期的な支払能力をチェックすることを目的とする指標である。この数値が低い（とくに100%を下回る）と，たとえ利益が出ていても，負債の履行に応じられず，資金が逼迫し，手形の不渡りを出すなど，倒産つまり「黒字倒産」のおそれがある。したがって，この数値は高いほど支払能力すなわち安全性（安全度）が高いとされる。

　ここで留意すべきは，分子である流動資産に，商品などからなる棚卸資産などの即座の支払手段として使用できない資産が含まれていることである。棚卸資産は，営業遂行上必要な資産であり，これを負債の支払いにはすぐには使用できない企業経営上の理由のあることは理解できるところである。加えて，棚卸資産の価額は，原則，取得原価であり，さらに，先入先出法や平均原価法など企業固有の棚卸資産価額の計算法で算定されている。期末に，正味売却価額による低価法の適用をした場合などを除き，この評価額は必ずしも時価つまり回収可能額（資金として利用可能な金額）を反映してはいない。このことが，流動比率は数値上，余裕を持っているべきことの会計上の理由となる。

　以上，返済または履行すべき流動負債と同額の資金が確保されるためには，資産全体として相当程度の余裕を持つべきであるという主張が成り立つ。このため，米国などの財務諸表分析に関する主張では，この比率が200%すなわち2倍（「2：1の原則」）を超えていることが望ましいといわれることもある。とくに銀行が貸出しに，この比率を重視したことから，銀行家比率とも呼ばれる。

　しかし今日，棚卸資産のみならず売上債権の管理技法の進歩からこれらの金額が抑制されているため，これほど高い比率は要求されず，わが国実践では，120%が実務上の目安とされるのが実情である。加えて，わが国企業の銀行との付き合いにおいて，銀行が借り換えに応じてくれる慣行もある。しかし，やはり，即座に対応できない資産の存在は問題である。このような棚卸資産などの問題を解決する指標が，次の当座比率である。

②　当座比率（酸性試験比率）

　前記の流動比率は，流動資産に，棚卸資産というすぐには現金化できない資産をも含めて計算された。この問題を解消する指標が当座比率である。

　この指標は，貸借対照表の当座資産を流動負債で割った，次の計算式で求められる。分子に用いられる当座資産とは，流動資産から棚卸資産や前払費用などを除いて求められ，そのままの形で支払手段として利用可能な現金預金，受取手形，売掛金および有価証券[2]などから構成される。

$$
当座比率（\%）= \frac{当座資産}{流動負債} \times 100
$$

　棚卸資産が営業資産として拘束され，営業活動を維持するために一定程度維持される必要があるのに対し，当座資産はそのような拘束を解かれている資産であると解することができる。すなわち，当座比率は，支払能力を厳しくチェックするために使用され，流動負債と換金性の高い当座資産を対応させた指標である。流動負債に対する支払能力をより厳密に判定しようとする点で，酸性試験比率とも言われる。

　原則的には，数値が高い方[3]がよく，少なくとも100％以上が望ましいとされる。資産ストックとこれに対するマイナスのストックである負債が1対1であるならば，負債を即時に支払うことができることを示すからである。

　ただし，受取手形，売掛金，電子記録債権，短期貸付金などの債権に関しては，これにマイナスとなる貸倒見積高（貸倒引当金）が算定され，回収可能額で表示される。この設定は，法人税法上の関連規定に基づいて決められることが多い。つまり，必ずしも，実際の回収可能額を反映されたものになっているとは限らない。そこで，とくに小規模企業などについては，これらの状況に留意することが必要になろう。また，形態（法的形態）としての売上債権や短期貸付金などの債権は，会計上，一般債権，貸倒懸念債権，破産更生債権等に区分され，後二者は，流動資産ではなく固定資産のうち投資その他の資産の中に計上される。つまり，正常なものだけが流動資産に計上されている。ということは，これら正常なものに貸倒引当金を設定する必要があるかという問題も発生する。このような見地から，貸倒引当金を設定しない総額を使用せよという見解も出ている。そもそも貸倒引当金の設定行為が会計上の慣行であることを考えると，これらについては，会計上の判断での企業の裁量行動に注意して分析を進めることが必要な場合があるかもしれない。

　なお，売掛金については，小売業におけるクレジット売掛金など個別の内容の分析も必要となろう。

　以上，ここまでは企業全体からの指標をみてきたが，次に，営業活動の観点からの分析指標を扱うことにする。

③　売上債権対仕入債務比率

　企業は仕入と販売の双方の側面で信用を利用する。これらは，企業の営業活動にとって必要なものであり，営業上の慣行にもなっている。つまり，営業活動におけるこれらの信用状況を把握することが必要である。

　営業上の支払状況を示すこの比率は，貸借対照表の売上債権を，仕入債務で割った指標で，次の計算式で求められる。なお，営業上の前受金（仕入債務）と前渡金（売上債権）については，通常，財務諸表からはわからないので，実践上は考慮しないことが多い。

$$
売上債権対仕入債務比率（\%）= \frac{売上債権}{仕入債務} \times 100
$$

　分子に用いられる売上債権は,「(受取手形－受取手形貸倒引当金)＋(売掛金－売掛金貸倒引当金)－営業上の前受金」[4], 分母に用いられる仕入債務は,「支払手形＋買掛金－営業上の前渡金」で求められる。また, 前述の理由で, 会計上の判断による貸倒引当金を控除しない方法もあるが, ここでは控除する方法による。売上債権と仕入債務は, 営業活動に係る契約すなわち金銭債権債務という営業上の資産負債であり, 一般に商品等の受け渡しによりその発生を認識する。売上債権はその契約上の権利を行使したときなどに, 仕入債務はその契約上の義務を履行したときなどに, それぞれその消滅を認識する。したがって, この売上債権対仕入債務比率は, 営業活動に関して予想される資産の流出に対する安全性の度合いを評価する。

　どの程度が適正かということは, その企業の置かれた取引慣行により異なり一概には言えないが, 統計データでは100%から120%が平均的な目安である。この比率が100%を大きく下回るようだと, 仕入債務を支払うための資金繰りつまり営業上の資金繰りに注目する必要がある。

　ただし, たとえば, 商社など卸売業や元請企業から原材料を供給されている下請け企業では, 仕入債務の方が大きいことが多い。つまり, 商社や元請企業が, 傘下の企業の営業を資金的に援助している。このように, この比率の判断においては, 商売の仕方により異なる点に留意する必要がある。

　以上が, 貸借対照表による短期の安全性に関する指標である。次に, 長期の安全性に関する指標をみていくことにしたい。

(1)-2　長期の安全性

　長期的な視点に立って企業の安全性を評価するためには, 基本となる考え方として, 負債を資産で割る次の計算式が意味を持ち, 利用される。

$$長期的な安全性に関する指標（\%）=\frac{負債}{資産}\times100$$

　この計算式では, 分母に, 経済的な資源である資産が, 分子に, この資源の流出を予想させる負債がおかれる。すなわち, 資産を脅かす存在としての負債を考える必要があり, 企業が継続して保有すべき資産に占める負債の割合を見る構造的な視点をもって, 企業の長期的な安全性の分析が行われる。

　資産負債アプローチによる会計基準が適用され, 退職給付に係る負債(退職給付引当金)や繰延税金負債が計上されるようになった。これらの項目は, 実務上金額的に小さくない場合があり, 安全性の分析に際して, その性質の適切な理解が必要となる(第2章2(1)参照)。

　退職給付に係る負債は, 退職により見込まれる退職給付の総額のうち, 期末までに発生していると認められる額を割り引いて計算する固定負債である。つまり, 会計上の判断に基づく計算的な負債であり, たとえば, 長期借入金のように, 出となる時点と金額とが確定したものではない。さらに, 企業が無借金経営を行っていても, 労働者への配慮を示す限り計上されるものであり, 企業が人的資源つまり労働者への配慮の結果, 計上される負債であり, 企業評価にとってマイナス要素というよりむしろプラス要素であると見ることができる。このように分析においては, 負債の質につ

いて，特段の配慮をする必要が出てくる。

　次に，繰延税金負債である。これは，当期の事象の結果として，将来の納税額の増加をもたらす可能性があるという点で負債とされる。つまり，これを実現させるのは，ひとえに企業の意思[5]によるということもできる。さらに，投資有価証券については，値上がりという好ましい結果にもかかわらず，当該繰延税金負債が計上される点にも注意を払う必要がある。

　長期の安全性に関する指標は，先の短期の安全性に関する指標と比較すると，基本的な考え方として，分母と分子に置かれる資産と負債が反対である点に1つの特徴がある。これは，負債を資産構造の中でのマイナス要素として考えているからである。したがって，この算式では，計算結果の分析に際し，長期的な安全性と短期的な安全性とでは，数値の良否の判断が反対になるのが原則である点に注意を要する。

　長期の安全性に関して，以下では，総資産負債比率を主と位置づけた上で，この展開として，分析に使用されるさまざまな比率を扱っていく。

①　総資産負債比率

　この指標は，貸借対照表の負債を総資産（＝資産）で割った指標で，次の計算式で求められる。

$$総資産負債比率（\%）＝\frac{負債}{総資産}×100$$

　分母に用いる総資産は，企業の事業活動すべての資金運用を示している。他方，分子に用いる負債は，資産の流出をもたらすものである。一方で，この負債の存在は，資産に対する資金の調達活動をも示している点に注意を払うべきである。つまり，資産の出を示すと同時に，借方・資産増加の原因をも示している。というのは，貸借対照表を借方（資産）＝貸方（資産の調達要素）を示すと見るからである。

　この比率は，保有しているストックである資産の総額に対するその将来の流出全要素を見て，構造的視点で，企業の安全性を示す。総資産が分母に用いられているのであるから，この比率の低いことが，企業の安全性の高いことを表す。さらに，負債は最終的には資産によって補填されるから，この比率を知ることによって，負債の返済，とくに銀行や仕入先，社債権者（社債保有者）への保証が安全であるかどうかが判断される。ただし，わが国では，概してこの比率が高い。企業と銀行との関係が長期的であり，銀行が貸付け（借入金の借り換えも含む）に応じてくれることが多いためである。

　ところで，貸借対照表の貸方つまり総資産の相手側に眼を移すと，純資産は負債を控除したあとの金額であるから，負債への対応後の余裕度を意味するといえる。このように考えると，負債と純資産の構成比率から安全性を見ることもできる。その基本となる指標が次の純資産負債比率である。

②　純資産負債比率（自己資本負債比率）

　この比率は，貸借対照表の負債を純資産で割り，次の計算式で求められる。

$$純資産負債比率（％）＝\frac{負債}{純資産}×100$$

　純資産も負債（＝他人資本）も，貸借対照表の貸方に計上され，貸借一致の構造によって，借方の総資産に対応している点では同じである。つまり，前で，負債は総資産の調達源泉とも見なされるという見解を示したのと同様，純資産も総資産の調達原因を示していると見ることができる。この場合には，負債を他人資本と称したと同様，純資産は自己資本と称される。ところで，自己資本は，連結会計の視点では，この捉え方に，2通りの解釈が可能である。いま，親会社つまり既存株主の観点に立つと，株主資本とその他の包括利益累計額がその帰属となる。新株予約権は将来の株主に，非支配株主持分は子会社の非支配株主にそれぞれ帰属するので，純資産にある新株予約権や非支配株主持分は自己資本には含められない。すなわち，これらは負債として計算される。一方，企業実体（企業体理論）の視点に立つと，これらも，債務の決済による資産の流出項目と考えられないから，自己資本と解釈すべきことになる。ここでは，後者の立場による。括弧で示した「自己資本負債比率」は，資本の調達源泉から見た言葉ということができる。この比率で負債を他人資本と称さないのは，自己資本と同じ調達いわばプラスの側面ではなく，安全性の見地からマイナスの側面を見ているからである。

　さて，自己資本と他人資本には制度上の重要な相違として，支出の仕方がある。前者は，法律上，会社は資本拠出者のものという思考に立つと同時に，さらに，その支出（減資・配当など）を会社が統制できるので，会社（自己）のものという視点で，自己資本という。他方，後者は，将来における資産の出が義務付けられ，会社を縛ることになるので，他の人への出を考えなければならないという意味で他人資本といわれる。これを，資産負債アプローチでみると，純資産負債比率は，債務の決済により流出が予想される資産と，これらすべての負債を控除した残余資産との割合となる。

　この指標では，負債が返済をする必要のない自己資本とのバランスにおいて小さいほど，長期的に安全であると判断する。この比率が100％であるということは，資産の流出を要する負債とこれを要さない自己資本との割合が同じであるという意味で表面上バランスがとれており，形式的に安全であるとみられることが多い。

　資産負債アプローチの思考によれば，純資産の意味は，会計上の企業価値と市場での企業価値の一致を求めることにあるともいえるから，この指標は，市場における企業価値を資産の流出（負債）との関係において考察することを意味すると解釈することもできよう。

③　**デット・エクイティ・レシオ**（debt（借金）equity（持分・自己資本）レシオ）
　既述のように，資産負債アプローチの貸借対照表には，繰延税金負債や退職給付に係る負債のように，このアプローチから誘導され，経営上，好ましくないとは言いがたい会計上の負債が計上される。このように見ると，株主の負担と債権者の負担のバランスを実際的に把握しようとすれば，負債の実態を分析する必要が出てくる。

　日々の企業経営にダメージを与える負債は何か。このように考えると，有利子負債がこれである。そこで，分子に，この有利子負債を置くのが，この比率である。なお，この場合の有利子とは，企

業外部に支払わなければならない利子であり，資産除去債務やリース債務計算において出てくる計算上の利子，したがって，これに関わる負債は，この負債には含まれない。

なお，分子の有利子負債との対応関係において，分母には株主資本を置く。つまり，計算的な純資産要素を含ませない。この場合，比率ではなく，実質的マイナス要素がプラス要素（安全要素）に対して何倍あるかという視点で，倍率が一般的である。

$$\text{デット・エクイティ・レシオ（倍）} = \frac{\text{有利子負債}}{\text{株主資本}}$$

④ 負債純資産倍率（負債資本倍率）

②，③では，貸方・資本構成のうち負債に眼を向け，この位置づけおよび質の評価を行うために，（有利子）負債を分子に置き，安全性を見てきた。これに対し，②純資産負債比率を流動比率のように，負債に対してどれだけの備えがあるかという視点で表示することもでき，実務ではしばしば使用される。これを負債純資産倍率といい，次の式で表される。

$$\text{負債純資産倍率（倍）} = \frac{\text{純資産}}{\text{負債}}$$

この比率は，負債に対して資本構成上の余裕がどれほどあるか，つまり単位は倍であり，いくら占めるか，つまり％ではなく，X倍と示される。

なお，この指標は「負債資本倍率」ともされる。ただしこの場合の資本とは，負債に対する資本であり，貸方の資本構成をみる見地では自己資本，資産負債アプローチでは純資産を意味する。

⑤ 自己資本比率

金融商品取引法による「有価証券報告書」がその「第一部企業情報　第1企業の概況　1主要な経営指標等の推移」において，記載を求めている指標である。その規定によれば，自己資本比率は，純資産額から新株予約権の金額および非支配株主持分の金額を控除した額を自己資本とし，これを総資産額で除した割合をいう。

$$\text{自己資本比率（％）} = \frac{\text{純資産} - （\text{新株予約権} + \text{非支配株主持分}）}{\text{総資産}} \times 100$$

分母の総資産は，貸借対照表の借方にあって調達資金の使途を表すとみる。分子の自己資本は，貸借対照表の貸方にあって調達資金の源泉を表すと考えるが，この調達資金の源泉の全体から，有利子負債が契約に基づき利息の支払いと元本の返済を求められるように，その決済等により経済的便益が流出することが予想される負債すなわち他人資本をまず対象外とし，持分すなわち純資産のみを計算の第1項とする。そして，この純資産から新株予約権および非支配株主持分を控除する。すなわち自己資本比率とは，資金の使途全体を示す総資産に対して自己（親会社）の統制下にある資本（自己資本）のみの調達の割合を見る指標で長期の安全性を示し，これは高いことが望ましい

と考えられる。

　先の②純資産負債比率の項で記したとおり，自己資本には2つの解釈がある。1つは親会社（既存株主）の観点に立ち，新株予約権は将来の株主に，非支配株主持分は子会社の非支配株主にそれぞれ帰属すると考え，これらを自己資本から除くとする考えである。他の1つは企業実体の視点に立ち，新株予約権，非支配株主持分のいずれもが債務の決済による資産の流出項目とは考えられないからこれらを自己資本に含めるとする考えである。現行の「有価証券報告書」は前者の親会社の観点に立って自己資本比率の計算，開示を求めていると解することができよう[6]。

⑥　株主資本比率

　前記の⑤自己資本比率において，分子の自己資本は「純資産−（新株予約権＋非支配株主持分）」で求められたが，株主資本比率はここからさらにその他の包括利益累計額（評価・換算差額等）を減じて，株主資本のみを分子に置いて計算される。

$$株主資本比率（\%）＝\frac{株主資本}{総資産}×100$$

　第1章および第2章で記されたとおり，分子の株主持分は，企業集団にあって親会社株主の持分をはじめとする親会社株主との直接的な取引である。この指標では，分子の計算において，前記⑤自己資本比率の分子から計算的な純資産要素であるその他の包括利益累計額が控除されることを考えると，この株主資本比率は，資金の使途全体に対する親会社株主からのみを源泉とする資金の調達の割合を示している。この指標は，当該調達資金が親会社（自己）の統制下に置くことができるという意味でより厳密な意味での自己資本比率とも解することができ，長期の安全性を示し，高い方が望ましい。

　なお，この逆数が財務レバレッジであり，これについては第5章および第7章を参照されたい。

⑦　純資産固定負債比率

　この指標は，貸借対照表の固定負債を純資産で割り，次の計算式で求められる。

$$純資産固定負債比率（\%）＝\frac{固定負債}{純資産}×100$$

　この純資産固定負債比率も，計算式において，分母に純資産を用いる点で②純資産負債比率と同じであるが，分子に負債ではなく固定負債を用いる点が異なる。

　分子に負債ではなく，流動負債を控除した固定負債を用いる意味は，そもそも流動資産，流動負債は絶え間なく循環している。つまり，企業経営において，この動きには常に注意が払われ統制されているはずである。そうであれば，安全性に関して注意しなければならない企業の資金調達活動は，日常的に回転している流動負債に現れるのではなく，長期的な固定負債に出るといえよう。

　この資金調達活動を，絶対的に安全な純資産と比較することにより，長期的側面での安全性をみる。この指標は低い方が望ましい。これは，長期資金による設備投資などの大きい企業の資産管理

や，長期に企業と関わる利害関係者の視点での安全性とりわけ社債などによる資金調達に頼る企業の分析にとって有用であると考えられる。この社債権者（社債保有者）に加えて従業員の視点の重要性については，第8章を参照のこと。

⑧　固定長期適合率

　長期的な安全性の分析に際し，これまでは，貸借対照表の貸方，資金の源泉の側面，長期的資金調達の側面から見てきたが，その投下先に注目するのが，固定長期適合率である。長期の源泉に対して，長期の投資つまり固定資産との関係を見るものである。

　この指標は，固定資産を固定負債と純資産の合計（長期の資金調達）で割った指標で，次の計算式で求められる。なお，計算上，非支配株主持分が存在する場合には，長期に動かないものとし分母に入れられ，繰延資産が存在する場合には，分子に入れられるのが通常である[7]。

$$固定長期適合率（％）=\frac{固定資産}{固定負債＋純資産}\times 100$$

　企業が長期に活動を行うには，設備などの固定的かつ長期的な基盤である固定資産が必要となるが，固定長期適合率は，この固定資産を調達するための資金を長期的すなわち安全な源泉である純資産と固定負債との合計額でどのくらい賄なっているかをみることで，長期的に安全かどうかを判断する。計算上，固定資産額が純資産と固定負債との合計額より小さい，すなわち100％以下が望ましいことになる。

　固定長期適合率が100％を超える場合は，固定資産の調達に必要な資金が返済期限のない純資産と長期の借入である固定負債で賄えていないことを意味し，長期的に拘束される固定資産が短期の借入れである流動負債によって調達されていることを意味する。流動負債は，次の貸借対照表日までに消滅するので，固定資産が次の貸借対照表日以降も存在し続けることを考慮すると，これを支える追加的資金調達をしなければ，資産の出を考えなければならず，安全性が脅かされる状態であるといえる。つまり，流動負債の返済のために，固定資産を売却しなければならなくなり，これは企業の本来の営業活動に支障をきたすことになりかねない。

　この指標は，流動比率つまり流動資産と流動負債の関係を長期的側面から見た指標であり，設備産業など，長期的投資に依存する企業にとって特に重要な指標とされる。

　なお，分母の純資産を株主資本，分子の固定資産を有形固定資産＋無形固定資産とする考え方もできる。これは固定資産から「投資その他の資産」という証券投資等を除くことで，営業活動を支える投資（とくに設備投資）が，安全な資本（固定負債と株主資本）により賄われているかを見ることができる。

⑨　純資産固定資産比率（固定比率）

　固定長期適合率の計算式の分母において，いずれにせよ資産の出となる固定負債を除き純資産（自己資本）のみとし，いわば絶対的に安全な資金調達と固定資産の比率を求めるものが，純資産固定資産比率である。長期的な資金の拘束が純資産の範囲の中におさまっているかを示す点で，純資産

固定資産比率は，固定長期適合率よりも厳しい指標である。

$$純資産固定資産比率（％）= \frac{固定資産}{純資産} \times 100$$

(2)　キャッシュ・フロー計算書も用いた分析

負債の返済には，資金の出（減少）つまりキャッシュの動きを伴う。よって，安全性分析については，キャッシュ・フロー計算書情報も利用できる。

キャッシュ・フロー計算書におけるキャッシュすなわち現金及び現金同等物は，第2章の記述のとおり貸借対照表項目との関連性は求められない。キャッシュ・フロー計算書での現金とは手許現金及び要求払預金であり，現金同等物は容易に換金可能でありかつ価値の変動について僅少なリスクしか追わない短期投資であることに留意する必要がある。

キャッシュ・フロー計算書情報は，ストックとフローの視点で，2つの解釈が可能である。1つは，文字通り，フロー情報と見る解釈であり，もう1つは，ストック情報とするものである。これについて，キャッシュ・フロー計算書の最終欄をみると，現金及び現金同等物の増減額の計算で終わるのではなく，期首残高を加え，現金及び現金同等物の期末残高というストック情報で終わらせている。ということは，この計算書の数値は，フロー，ストック両面での解釈が可能になり，他のストック，フロー情報との結びつきが可能となる。

この点で注目されるのが，次の算式で求められるフリー・キャッシュ・フロー（FCF（free cash flow））である。

①　フリー・キャッシュ・フロー

フリー・キャッシュ・フロー＝営業活動によるキャッシュ・フロー
＋投資活動によるキャッシュ・フロー

この指標は，投資，財務活動以外のキャッシュ・フロー（営業活動によるキャッシュ・フロー）と投資活動によるキャッシュ・フローを加えた値，つまり，企業の資金調達および余裕資金の運用活動を除いた事業活動による資金増減であるから，この値が，プラスであれば，資金的余裕ができたことになり，負債の返済に利用可能となる。マイナスであれば，安全性を脅かしたこととなる。

負債と関係させて，キャッシュ・フロー情報は次のように考え，安全性をみることができる。

$$\frac{キャッシュ・フロー（増減額）}{期首負債＋期中負債増加－期中負債減少^{8}}$$

分母つまり返済を求める負債[8]は，その時その時の請求権つまりストックであるから，このような表現をとったが，計算上は，期中平均つまり「（期首負債＋期末負債）÷2」を採らざるをえない。この場合のキャッシュ・フローは，ストックとしての期中増減である。

この一般的指標は，次の，負債全体と，当面の手当てである流動負債に関わる安全性の分析に使用される。

この指標の見方は，次のようにまとめられる。

② 負債フリー・キャッシュ・フロー比率

この指標は，フリー・キャッシュ・フローを負債（期中平均）で割る，次の計算式で表される。なお，ここでの平均は，期首負債±期中変動というストックの調整を意味する。

プラス／マイナスの場合，投資活動後のプラスの現金を借入金等負債の返済に用いうるということで，安全性は好ましいことになる。プラス／プラスの場合，プラスの現金が負債増加額を上回る，すなわち指標が1以上である場合には安全性は好ましい。

マイナス／プラスの場合，投資活動後の現金がマイナスであるにもかかわらず，将来に資産の出をもたらす負債を増加させているのであるから，安全性は好ましくないことになる。マイナス／マイナスの場合，現金のマイナス分だけ負債を減らす，すなわち指標が1であることは安全性からは好ましい。

$$負債フリー・キャッシュ・フロー比率(\%) = \frac{フリー・キャッシュ・フロー}{(期首負債＋期末負債) \div 2} \times 100$$

この比率は，短期と長期を問わずいずれは資産の流出をもたらす負債に対して，当期の事業活動の結果，企業に流入してきた余裕資金が，どの程度その平均的な負債'有高'に貢献しうるのかを意味する。したがって，この比率は高い方が当期に安全度が高まったことを意味する。

一方で，営業活動が資金需要を生んでいないことや投資機会のないことが，フリー・キャッシュ・フローの金額を大きくしている，すなわち，この比率を高めていることにつながっている可能性もあり，企業価値評価との関係では，この比率が高いことが好ましいとは限らないことにも留意が必要である。ただし，投資機会のない場合には，負債（借入金）の返済により，将来に向けて安全性を高めておくことも，企業経営としてとりうる選択肢の1つである。とくに，有利子負債の返済は，支払利息の軽減をもたらし，すなわち，資産の流出を小さくし，企業の安全性を高めるとともに，費用の減少により収益性の向上にも繋がる。

次に，より直近の安全性の観点から，負債全体ではなく，返済期間の短い流動負債に着目した流動負債営業キャッシュ・フロー比率を見ることにする。

③ 流動負債営業キャッシュ・フロー比率

この比率は，キャッシュ・フロー計算書における営業活動によるキャッシュ・フローを，貸借対照表における流動負債（期中平均）で割った指標で，次の計算式で求められる。

$$流動負債営業キャッシュ・フロー比率（\%）= \frac{営業活動によるキャッシュ・フロー}{(期首流動負債＋期末流動負債) \div 2} \times 100$$

　流動負債は，その多くが営業資産の購入資金となっており，短期的な返済を義務付けられている。この流動負債（平均‘有高’）の返済に対して，営業活動により得られた資金がどの程度将来貢献することができるかを，この流動負債営業キャッシュ・フロー比率は表す。営業取引を媒介とした現金の流入と流出との関係を評価する指標であり，高い方が望ましい。

 ## フロー（期間）の安全性

　これまでは，時点すなわちストックの視点で，企業の安全性の評価指標を取り上げてきたが，ここからは，期間すなわちフローに着目して安全性の指標をみて行く。このフローからの分析の長所は，少なくとも，次の2点にある。

　第一に，ストックの側面からの安全性の評価には，貸借対照表日という特定の時点の資産および負債の残高に基づいて，計算式が構築されていた。しかし，その構成要素の内訳項目の決済日などは異なっており，このストックの指標からの分析に，フローのタイミングや大きさを考慮することによって，この分析がより意義をもつものになる。第二に，利息の支払いを典型とする負債の存在によるマイナス要素は，損益計算書の収益性にも関連し，これが資産負債の金額にもかかわる点である。とりわけ第一の点に関しては，キャッシュ・フロー計算書の利用が重要になる。

　そもそも負債の存在は，企業の当期の資金調達活動と，これを求める資金運用活動からきている。このように見ると，期間つまりフローの資金の運用・調達情報の利用も必要になり，これを表示したフロー情報としてのキャッシュ・フロー計算書情報も安全性の分析でさまざまな形で使用されなければならない。さらに，資金がうまく回転していることは，活動が順調に推移していると考えられる。このような視点では，回転率を見ることも必要になる。

　以下では，フロー情報としての損益計算書をはじめとし，同じくフロー情報のキャッシュ・フロー計算書を利用した安全性の分析を取り上げる。つまり，大きくは，負債の存在によるマイナス要素である支払利息（他人資本利子）に関する比率，営業活動での資金の円滑な循環を見る売上高・売上原価に関する回転率，および負債のキャッシュ・フローに関する比率という3つのカテゴリーに類型して，安全性を評価するフロー分析に視点を置いた指標を扱う。

⑴　損益計算書による分析

①　総収益支払利息比率

　この指標は，支払利息（他人資本利子）を総収益で割る，次の計算式で求められる。

　分母には，当期に発生したすべての収益，すなわち，「売上高＋営業外収益＋特別利益」が用いられる。分子には社債利息などを含む支払利息（他人資本利子）が用いられ，その割合から，ある会計期間について，総収益という好ましいフローに対する負債の存在によるマイナス要素の割合を評価する。この比率は小さい方が好ましい。

$$総収益支払利息比率（％）=\frac{支払利息（他人資本利子）}{総収益}\times100$$

　総収益には，その他の包括利益に関する項目を含むことも考えられる。損益計算書ではなく包括利益計算書を用いる場合である。この場合，その他の包括利益に関する項目が未実現つまり資金フローに裏付けられたものではなく，企業組織全体の資産増加にかかわるということに留意した上で，この場合の比率の解釈をすることが必要である。

　この指標は，理論上は次のとおり分解して考えることができる。

$$総収益支払利息比率（％）=\frac{支払利息（他人資本利子）}{有利子負債}\times\frac{有利子負債}{総資産}\times\frac{総資産}{総収益}\times100$$

　右辺第1項「支払利息（他人資本利子）／有利子負債」は，有利子負債全体にかかわる支払利子率，他人資本にかかる資本コストを表す。第2項「有利子負債／総資産」は，総資産負債比率の分子を負債から自己の統制の利かない代表的な項目である有利子負債に変更した指標で企業の安全性を示す。第3項「総資産／総収益」は，収益性の指標のひとつである総資産回転率の逆数で，ある単位収益を獲得するのに用いられた資産を示す。これらの3項目の数値のそれぞれ小さなことが，総収益支払利息比率を小さくすることすなわち企業の安全性を高めることにつながる。

②　売上高支払利息比率

　この比率は，分母に，売上高を用い，これに対する分子に，支払利息（他人資本利子）をおく。

　総収益支払利息比率では，分母には「売上高＋営業外収益＋特別利益」という企業全体の活動の値が用いられていたのに対し，分母を売上高に限定することにより，ある会計期間について，営業活動に対する資金調達活動によるダメージ度，すなわち，営業の成果がどれだけ支払利息によって減殺されているかを示す。したがって，この比率も小さい方が好ましい。

$$売上高支払利息比率（％）=\frac{支払利息（他人資本利子）}{売上高}\times100$$

　この指標は，以下のように理論上は次のとおり分解して考えることができる。

$$売上高支払利息比率（％）=\frac{支払利息（他人資本利子）}{有利子負債}\times\frac{有利子負債}{営業資産}\times\frac{営業資産}{売上高}\times100$$

　右辺の第1項「支払利息（他人資本利子）／有利子負債」は，有利子負債全体にかかわる支払利子率，他人資本にかかる資本コストを表す。第2項「有利子負債／営業資産」は，総資産負債比率の分母を総資産から営業資産に，分子を負債から有利子負債にそれぞれ変更した指標で，企業の主たる活動である営業の成果を意味する営業利益の獲得のために使用される営業資産に対しての他人資本を代表する有利子負債の割合をもって企業の安全性を示す。第3項「営業資産／売上高」は，収益性の指標のひとつである営業資産回転率の逆数で，ある単位収益を獲得するのに用いられた営

業資産を示す。これらの３項目の数値のそれぞれ小さなことが，総収益支払利息比率を小さくすることすなわち企業の安全性を高めることにつながる。

③　インタレスト・カバレッジ比率

この比率は，損益計算書の営業活動による営業利益と金融活動による営業外収益との合計を事業利益として求め，これを支払利息（他人資本利子）で割る，以下の計算式で求められる。

支払利息が分子に用いられる上記の２つの比率とは異なり，支払利息は分母に用いられ，安全性に関して，有利子負債の利息支払いに対して，どれだけの利益，何倍の利益があるかを見るものである。イン・フローである利益の金額を，アウト・フローである支払利息の金額で割って計算される。分子の営業外収益には，受取利息のほか受取配当金も含まれる。また，持分法利益が存在する場合にはこれも分子に含まれる。特別利益を含まないのは，経常的な企業活動の次元で安全性をみようとするからである。

$$インタレスト・カバレッジ比率（倍）＝\frac{事業利益}{支払利息（他人資本利子）}$$

インタレスト・カバレッジ比率は，最低１倍以上でなければならない。すなわち，分母の金融活動のアウト・フローが営業活動と金融投資活動を合わせた事業活動のイン・フローの範囲に収まることが安全の目安である。

なお，この指標は，キャッシュ・フロー計算書の数値を用いて，発生主義よりも直接的な利子支払能力を見ることができる。これについては，第８章第３節２(1)③追補を参照のこと。

以上，支払利息というアウト・フローを，他のイン・フローとの関係で企業の安全性に関する３つの指標をみてきた。次に，安全性の分析指標となる回転率をみていくことにしたい。

(2)　貸借対照表も用いた分析

そもそも貸借対照表数値はストックであり，そこに数値を拘束している。この拘束が企業の資金的負担を強い，これが安全性に関わる。そこで，この拘束された値が回転してくれれば，資金負担が軽くなる。この視点で見るのが，以下の回転率である。この場合，貸借対照表数値は期中の動きとして期首期末の平均を取ることになる。ここでは，従来のような割合（％）ではなく，動きの指標である回転率とこれを展開した拘束期間が指標として使われる。

なお，回転が上がることは，資金負担を減らすのみならず，利用の効率を示し，収益性に貢献することにもなる点にも注目して欲しい。これについては，第５章も参照されたい。

①　仕入債務回転率（仕入債務売上原価比率）

この指標は，損益計算書の売上原価を貸借対照表から得られる期中平均仕入債務残高で割る，次の計算式で求められる。分母に，企業の安全性を脅かす仕入債務（＝買掛金＋支払手形）の期首と期末有高の平均値を，分子に，売上原価を用いる指標である。

$$仕入債務回転率（回）= \frac{売上原価}{（期首仕入債務＋期末仕入債務）÷2}$$

　この指標は，分子の売上原価を，仕入債務の当期における返済総額とみて，この総額の期間の仕入債務の平均値に対する割合を通じて，会計期間における仕入負債の決済の回数すなわち資金の動きのスムーズさを示す。

　仕入債務回転率が大きいことは，営業上の資金運用が効率的であることを示し，拘束すべき資産・資金が少ないことを示す。このように，仕入業務の信用取引への依存度の視点で企業の安全性をみる。

　仕入債務は，回転率のみならず回転期間についても重要である。仕入債務回転期間は，仕入債務回転率の計算式の分母と分子を入れ替えた次の計算式で示される。分母の年間売上原価を12で割れば月単位の，年間営業日（便宜上は365日）で割れば日単位の回転期間となる。これは，取引相手からの受信期間すなわち営業資金のスムーズな期間を示す。

$$仕入債務回転期間 = \frac{（期首仕入債務＋期末仕入債務）÷2}{1日平均売上原価}$$

　なお，回転率では，仕入債務回転率のように負債の側面ではなく，資産の側面から，利用率を見て，その利用率が高ければ，そこで必要とされる資金が少なくなり，それだけ，安全性が高まると見るのが一般的である。次に，この見方で，売上債権回転率と棚卸資産回転率を扱う。

②　売上債権回転率（売上債権売上高比率）

　売上債権回転率は，売上高を売上債権（＝売掛金＋受取手形−貸倒引当金）で割った指標で，次の計算式で求められる。

$$売上債権回転率（回）= \frac{売上高}{（期首売上債権＋期末売上債権）÷2}$$

　この指標は，売上高の範囲において，売上債権が支払手段である現金へ転換した回数を示す。したがって，売上債権回転率が大きいほど，企業の安全性は高いことになる。

　なお，割引手形残高は，売上債権に含める方法と含めない方法がある。また，売上債権に対する貸倒引当金に関して，貸倒見積高の計算において裁量行動の問題が存在することについては既述のとおりである。

　売上債権は，回転率のみならず回転期間についても重要である。売上債権回転期間は，売上債権回転率の計算式の分母と分子を入れ替えた次の計算式で示される。分母の年間売上高を12で割れば月単位の，年間営業日（便宜上は365日）で割れば日単位の回転期間となる。これは，取引相手への与信期間すなわち資金の拘束期間を示す。

$$売上債権回転期間 = \frac{（期首売上債権＋期末売上債権）÷2}{1日平均売上高}$$

③　棚卸資産回転率（棚卸資産売上高比率または棚卸資産売上原価比率）

この指標には2つの計算式があり，分母を貸借対照表の棚卸資産（＝商品および製品＋仕掛品＋原材料および貯蔵品）とする点で共通するものの，分子を売上高とする方法（計算式㋐）と売上原価とする方法（計算式㋑）である。

$$棚卸資産回転率（回）＝\frac{売上高}{（期首棚卸資産＋期末棚卸資産）÷2} \quad \cdots\cdots(㋐)$$

$$棚卸資産回転率（回）＝\frac{売上原価}{（期首棚卸資産＋期末棚卸資産）÷2} \quad \cdots\cdots(㋑)$$

計算式㋐は，棚卸資産が売上高に対して何回転しているのかを表し，第5章で扱った総資産回転率や営業資産回転率などと同じ次元で，回転率が高いことは，企業がそれだけ販売努力をしていることを示すものとして，収益性の指標として扱われるのが多いが，他方で，次に述べる理由から，安全性に関する指標とも見ることができる。すなわち，この回転数の高いことは，売上高を生み出す棚卸資産に資金が滞留している時間が短いこと，つまり拘束されている資金が少なくて済んでいることを意味し，資産の出をもたらす負債も少なくて済み，企業の安全性に寄与しているといえる。

計算式㋑も，棚卸資産が一定期間において消滅していく速度を示す点で，効率性ないし収益性に関する指標ともみることができるが，売上高との関係ではなく，売上原価という当期の費用支出との関係で，支出・未費用たる棚卸資産の回転率を求める点で，計算式㋐より，同じ支出の効率性すなわち収益性に眼を向けているといえる。

なお，棚卸資産は，売上債権同様，回転率のみならず回転期間つまり在庫期間も重要である。棚卸資産回転期間は，棚卸資産回転率の計算式の分母と分子を入れ替えた次の計算式で示される。分母の年間売上高を12で割れば月単位の，年間営業日（便宜上は365日）で割れば日単位の回転期間となる。この日数は少なければ少ないほど効率的に経営され，そのため，拘束される資金も少ないことすなわち安全性の高いことを示している。

$$棚卸資産平均回転期間＝\frac{（期首棚卸資産＋期末棚卸資産）÷2}{1日平均売上高}$$

さて，ここまでの6つのフロー（期間）に関する安全性の指標は，損益計算書にある情報を利用してきた。以下は，キャッシュ・フロー計算書を用いて，安全性の分析に関する指標の説明を進めることにする。企業の安全性の確保のためには，少なくとも収入額が支出額を上回ることが必要であろう。

(3)　キャッシュ・フロー計算書も用いた分析

既述のように，キャッシュ・フロー計算書は，フロー，ストックと二様の見方が可能である。このうち，損益計算書情報と併用して，フロー情報として，キャッシュ・フロー計算書情報を利用す

るのが，以下の方法である。

① 売上高営業キャッシュ・フロー比率

この指標は，企業の営業取引に範囲を定め，キャッシュ・フロー計算書における営業活動によるキャッシュ・フローを，損益計算書における売上高で割った指標で，次の計算式で求められる。

$$売上高営業キャッシュ・フロー比率（％）＝\frac{営業活動によるキャッシュ・フロー}{売上高}×100$$

分母の売上高は，会計期間において営業活動において努力した額，実現した金額である。分子の営業活動によるキャッシュ・フローは，キャッシュ・フロー計算書の「営業活動によるキャッシュ・フロー」の金額を用いる際には，損益計算書における営業の概念とは異なることに関する以下の2点に留意する必要がある（第2章2⑷参照）。第1に，法人税等の支払額，災害による保険金収入等が含まれることである。第2に，受取利息，受取配当金，支払利息を営業活動の区分に記載する方法が認められていることである。したがって，この指標を厳密に計算するためには，本来の営業の概念に照らして記載の項目の取捨選択を検討することが必要となる。

継続的に反復される経常的な営業資金は，借入れなど財務活動によりもたらされるものではなく，企業の主たる収益である営業活動として実現された売上高から得られることが望ましい。この売上高営業キャッシュ・フロー比率は，売上高がどのくらい資金的な貢献を経常的な営業活動にしたかを示す。この比率が高ければ，売上高から経常的な営業資金を多く得ていることを意味し，安全性の観点からは好ましい。

売上高営業キャッシュ・フロー比率は，反復的な営業取引に着目した指標であったが，次に臨時的な事象等を含む企業活動全体にかかわる指標をみることにする。

② 当期純利益キャッシュ・フロー比率

この比率は，キャッシュ・フロー計算書における企業のキャッシュ・フロー（＝現金及び現金同等物の増減額）を，損益計算書における当期純利益で割った指標で，次の計算式で求められる。

$$当期純利益キャッシュ・フロー比率（％）＝\frac{キャッシュ・フロー（増減額）}{当期純利益}×100$$

分子のキャッシュ・フローは，会計期間における営業活動，投資活動および財務活動のすべてを通じて，支払手段として利用できる現金及び現金同等物の増加額である。他方，分母の当期純利益は，支払利息が控除されているから株主利益であり，資産負債アプローチにおける時点利益の増加分で，未処分可能利益の増加額である。

この指標は，当期純利益がどの程度資金的裏付けがあるのかを示すものであり，高い方が，利益の処分可能性ないし，その利用可能性を考えた場合，望ましい。とくに処分可能性の視点では，配当可能資金つまり配当政策をとる上で重要な指標として利用される。

❸　本章のまとめ

　本章は，企業の安全性を評価するために，まず，貸借対照表の負債の存在に着眼してきた。負債とは，過去の事象から発生した企業の現在の債務で，その決済により，経済的便益を有する資源すなわち資産が当該企業から流出することが予想されるものであった。したがって，安全性の分析に際し，資産の流出のタイミング，その質を考慮することも必要であった。

　分析指標の類型は，まずストック（時点）とフロー（期間）に整理され，ストックはさらに短期と長期に整理された。

　貸借対照表を利用するストックに関して，短期の安全性に関する分析では，流動負債の返済にかかわる資金の確保を評価することが基本となった。一方，長期の安全性に関する分析では，負債の存在およびその性質に着眼した。

　フローに関しての安全性の分析は，指標に用いるデータから，損益計算書を利用した支払利息に関する比率，損益計算書と貸借対照表を利用した売上高・売上原価に関する回転率，およびキャッシュ・フロー計算書を利用した比率という3つのカテゴリーに類型し，取り上げた。

　わが国における会計実務は，企業会計原則に説明される収益費用アプローチに，金融制度改革および国際会計基準とのコンバージェンスにおける資産負債アプローチが混在して展開されてきた。財務諸表分析において，この貸借対照表の変化が如実に現れるのが，貸借対照表貸方の見方である。すなわち，「第1章　会計アプローチと貸借対照表・損益計算書の見方」で示したように，資産負債アプローチでは，収益費用アプローチのように，他人資本と自己資本という概念は導出でき難い。本章で，一部，現行貸借対照表上の用語と異なる用語を用いざるを得なかったのは，この混在に由来する。また，実務の財務諸表分析でも，これらの用語の混乱がみられる点も指摘しておきたい。

（注）

1　営業循環が1年を超える場合（たとえば，ウィスキー製造業のような場合）には，翌期も存在する。

2　これには時価評価されている売買目的有価証券や，1年内に償還される社債等が含まれる。つまり，現金になることが期待され，評価額は現金収入相当額になっている。

3　当座比率が高すぎる場合は，必要以上に資金を有しており，資金を有効に活用していない，いわゆる「金余り」の状態にあるともいえる。これは，企業に投資機会がないことを示し，好ましいとはいえない。また，流動比率と比較して，当座比率が大幅に低下した場合は，棚卸資産の多い場合が多く，不良在庫のチェックも必要となる。

4　「貸倒引当金」については複数の記載方法が認められており，「有価証券報告書」を用いた分析の実践においては，第8章第3節1⑴③を参照されたい。。

5　たとえば，その他有価証券の場合，売却しない限り課税されない。

6　「企業内容等の開示に関する内閣府令」参照。現行の「有価証券報告書」では，自己資本比率は自己

資本利益率と並べて示されている。自己資本利益率を高めようとすれば例えば自己株式を活用することが考えられるが，そうした場合には自己資本比率が小さくなる。この二つの指標はある種のトレード・オフの関係にあり，制度の趣旨は企業の評価にあたってはこれらの指標を総合的に勘案してほしいということであろう。

　ある3月決算期企業の「有価証券報告書」の過去を振り返ってみたところ，平成6年（1994年）3月決算期から自己資本比率が開示されていた。当時の自己資本比率の計算には総資産額に対する純資産額が計算され，純資産額には資本の部の合計の金額が用いられている。今日の純資産の部にあたる当時の資本の部は，資本金，資本準備金，利益準備金及びその他の剰余金から構成され，これらは個別貸借対照表における項目，数値である。ところで当時の連結財務諸表は「第5経理の状況」ではなく，「第6企業集団等の状況　2企業手段の状況　(3)連結財務諸表」で取扱われていた。

7　繰延資産とは，すでに代価の支払いが完了し又は支払義務が確定し，これに対応する役務の提供を受けたにもかかわらず，その効果が将来にわたって発現すると期待される費用で，その効果が及ぶ将来期間に合理的に配分するため資産として計上されたものであり，その性質を固定資産の性質と同様に解して分子に計上する。

8　期末負債とする方法もある。この場合は，翌期に，当期と同じような活動が繰り返された場合に，翌期の負債の返済可能性（予測）を見ることになる。

（参考文献）
• 新田忠誓他『会社決算書アナリスト試験　公式テキスト（第3版)』ネットスクール出版，2020年。
• 新田忠誓・木村晃久・中村亮介他『全商　会計実務検定試験テキスト　財務諸表分析（十訂版)』実教出版，2020年。
• 桜井久勝『財務諸表分析（第8版)』中央経済社，2020年。
• 財務会計基準機構編『有価証券報告書の作成要領（2020年3月期提出用)』財務会計基準機構，2020年。
• IASB, *IAS7 Statement of Cash Flows.* 2001.

┨ 第7章 ┠

会計情報をベースとした株価の分析

Summary　「この商品は安いから買おう」とか「あの商品は高いから買わない」といった判断を行うとき，私たちは無意識のうちにその商品の「価値」と「価格」を比較している。価値より価格が低ければ「安い」と感じ，高ければ「高い」と感じることになる。価値は満足度（経済学的に表現すれば「効用」）で測られる。商品に対する支払い（価格）に見合う満足度（価値）を得られれば，その買い物は成功したといえる。もちろん，商品から得られる満足度は人それぞれ異なるから，たとえばある商品に100円という価格が付されているときに，それを購入する人もいれば，購入しない人もいる。

　では，株式投資の場合はどうだろうか。この場合も，一般的な商品と同様，価値と価格を比較して，購入や売却といった意思決定（投資意思決定）を行うことになる。株式投資の目的を「金儲け」に限定すれば，そこから得られる満足度（価値）は，その投資から得られる配当収入と株式の売却収入の合計額（これを「ペイオフ」という）によって測られる。株式投資から得られる将来のペイオフは不確実なものであり，その予測値や不確実性に対する許容度は人それぞれ異なるから，たとえばある株式に100円という価格（株価）が付されているときに，それを購入する人もいれば，購入しない人もいる。株式投資意思決定を行うためには，株式の価格（株価）が価値（将来のペイオフ予測）にてらして適正な水準にあるか否か，言い換えると，株価は「割安」か「割高」かについて判断しなければならない。

　本章では，会計数値をベースに株価を分析する方法を学習する。なお，前章までの分析とは異なり，ベースとなる会計数値についてもその情報内容を分析する必要がある，つまり，分析が二段構造になっている点に注意しながら読み進めてほしい。

 **株価倍率**

会計情報は，企業の過去の取引を累積的に金額ベースで記録したものであるから，企業（つまり，株式）の価値の一端を表現しているはずである。そこで，会計数値をベースに株価を分析しようという発想が生まれる。

会計数値に対する株価の大きさを測る指標は株価倍率と呼ばれ，以下のように定義される。なお，株価は1株当たりの価格であるから，ベースとなる会計数値も1株当たりのものを用いることになる。

$$株価倍率（倍）＝\frac{株価}{1株当たり会計数値}$$

以下では，代表的な株価倍率としてPBRとPERを紹介する。

(1) PBR（Price-to-Book Ratio）

株式の所有者である株主は，最終的に会社が解散したときに，債権者に対する資金返済後の残余財産を受け取る権利を有している。このことからもわかるとおり，株式投資から得られるペイオフ（価値）の源泉は，その株式を発行している企業の資本と，そこから生み出される利益である。

財務諸表のうち，貸借対照表では企業の資本が記録されているが，これは企業（つまり，株式）の価値を会計ルールに従って表現したものであるといえる。なお，会計情報は，企業の過去の取引を累積的に記録したものであるから，株式の価値のうち，将来にわたって累積される（または毀損する）と期待される価値は記録されておらず[1]，貸借対照表に記録されている資本は，現在に至るまでに企業に累積されてきた価値を表しているものと捉えられる。そこで，株価倍率の分母に，貸借対照表に記録されている資本を利用しようという発想が生まれる。

貸借対照表には「純資産」や「株主資本」が記録されているほか，貸借対照表の情報を利用して「自己資本」を計算することもできる。そこで，資本として何を利用するのがよいかが問題となるが[2]，ここでは，株式の価値を問題にしているのだから，株式の所有者たる株主（親会社株主）に帰属する資本を利用するのがよいだろう。よって，ここでの株価倍率の計算には「株主資本」を用いるべきである。

分母に1株当たり株主資本を用いる株価倍率は「PBR」と呼ばれており，正しく定義すると，以下の式のようになる。

$$PBR（倍）＝\frac{株価}{1株当たり株主資本}$$

なお，このときの1株当たり株主資本は，以下のように計算する。

$$1株当たり株主資本（円）=\frac{株主資本}{期末発行済株式数-期末自己株式数}$$

　企業が連結貸借対照表を作成・開示している場合，当該企業はグループ経営を行っていることになる。企業がグループ経営を行っているという経済的実態は，個別貸借対照表では表現できない。よって，この場合は連結貸借対照表の数値を用いる必要がある。

　なお，「株主資本」と「純資産」の金額が大幅に異なることは少ないこと，PBRは投資判断の出発点に過ぎないこと，「決算短信」などで企業が開示している1株当たり情報が「1株当たり純資産」であることなどから，実務上は，企業が開示している「1株当たり純資産」をそのまま用いることが多い[3]。

$$実務上よく用いられるPBR（倍）=\frac{株価}{企業が開示している「1株当たり純資産」}$$

　ここで簡単な数値例をみてみよう。いま，A社とB社があり，その1株当たり株主資本はともに10,000円，期末発行済株式数（自己株式数を除く）はそれぞれ100株と10株であったとする。A社株式の株価が200円，B社株式の株価が500円のとき，A社のPBRは200円/100円=2倍となり，B社のPBRは500円/1,000円=0.5倍となる。

　分母の1株当たり株主資本は，現在に至るまでに企業（つまり，株式）に累積されてきた価値を会計ルールに従って表現していて，分子の株価は，この株式に（将来も含めて）どれだけの価値が累積されると「市場」が考えているかを示している。つまり，PBRが1倍を超えていれば，「市場」は将来も企業が価値を生み出し，累積されていくと考えていることを意味し，PBRが1倍に届かなければ，「市場」は将来にわたって企業が価値を毀損していくと考えていることを意味する。さきほどの数値例に戻ると，A社のPBRは2倍であり，B社のPBRは0.5倍であるから，A社は将来も価値を生み出すが，B社は将来にわたって価値を毀損していくと「市場」が考えていることになる。

　私たちは，投資意思決定にあたって，この「市場」の考えが妥当か否かを判断する必要がある。その判断には，企業が将来も価値を生み出すか否かを判断するための情報，つまり，価値の「変動」に関する情報が必要なことがわかるだろう。以下では，価値の変動に関する情報を利用した指標についてみていくことにしよう。

(2)　PER（Price-Earnings Ratio）

　上述したように，投資意思決定にあたって株価が適正であるか否かの判断には，価値の変動に関する情報が必要なのであった。会計情報のうち，価値の変動を表すのは損益計算書に記載されている利益である。そこで，株価倍率の分母に，損益計算書に記載されている利益を利用しようという発想が生まれる。

　損益計算書には「営業利益」や「経常利益」といった利益が記載されていて，ボトムラインに記載されている利益は「当期純利益」である。このほか，近年は包括利益計算書の作成・開示が求められており，そこでボトムラインとされている利益は「包括利益」である。そこで，分母の利益と

して何を利用するのがよいかが問題となるが，ここでは株式の価値の変動を問題にしているのだから，株式の所有者たる株主（親会社株主）に帰属する利益を利用するのがよいだろう。よって，株価倍率の計算には，親会社株主に帰属しない利益を含む「包括利益」ではなく，親会社株主に帰属する利益を一部含まない「営業利益」や「経常利益」でもなく，「当期純利益」を用いるべきである。

分母に1株当たり当期純利益を用いる株価倍率は「PER」と呼ばれており[4]，正しく定義すると，以下の式のようになる。

$$\text{PER（倍）} = \frac{\text{株価}}{\text{1株当たり当期純利益}}$$

なお，1株当たり当期純利益は，以下のように計算する。

$$\text{1株当たり当期純利益（円）} = \frac{\text{当期純利益}}{\text{期末発行済株式数} - \text{期末自己株式数}}$$

もちろん，企業が連結損益計算書を作成・開示している場合，個別損益計算書の数値ではなく，連結損益計算書の数値を用いる必要がある。連結損益計算書を用いる場合，「当期純利益」には親会社株主に帰属しない利益が含まれているから，その場合は「親会社株主に帰属する当期純利益」を用いることになる。連結財務諸表を作成・開示している企業については，PERの式にある「当期純利益」を適宜「親会社株主に帰属する当期純利益」と読み替えて計算してほしい。

利益はフロー・ベースのものであるため，第5章で紹介されている「1株当たり当期純利益」は期中平均株式数を用いて算定されていたが，PERの計算に用いる利益を1株当たりの数値に調整する際には，期末の株式数を用いる点に注意しよう。それは，分析対象となる株価がストック・ベースのものだからである。なお，「決算短信」などで企業が開示している「1株当たり当期純利益」の金額は，期中平均株式数を用いて算定されているが，期末の株式数を用いて算定した場合と大差ない場合が多い。このことから，実務上は，企業が開示している「1株当たり当期純利益」をそのまま用いることが多い[5]。

$$\text{実務上よく用いられるPER（倍）} = \frac{\text{株価}}{\text{企業が開示している「1株当たり当期純利益」}}$$

さて，数値例として，A社とB社の当期純利益はそれぞれ1,000円と500円であったとしよう。A社株式の株価は200円，B社株式の株価は500円であったから，A社のPERは200円/10円=20倍となり，B社のPERは500円/50円=10倍となる。

分母の1株当たり当期純利益（連結損益計算書の場合は「親会社株主に帰属する当期純利益」）は，当期における企業（つまり，株式）の価値の変動を会計ルールに従って表現していて，分子の株価は，この株式に（将来も含めて）どれだけの価値が累積されると「市場」が考えているかを示している。つまり，PERは，企業が当期に積み上げた価値の何倍の価値を（将来も含めて）累積することができると「市場」が考えているかを示したものである。さきほどの数値例に戻ると，A社のPERは20倍であり，B社のPERは10倍であるから，A社は当期に積み上げた価値の20倍の価値を（将来も含

めて）累積することができ，Ｂ社は10倍の価値を（将来も含めて）累積することができると「市場」が考えていることになる。なお，分母の１株当たり当期純利益がマイナス（つまり，損失）の場合や，プラスであってもその大きさが株価と比較して著しく小さい場合，PERから「市場」の考えを引き出すのは困難になる。

　私たちは，投資意思決定にあたって，この「市場」の考えが妥当か否かを判断する必要がある。そのためには，企業が現在と同水準の利益を将来も獲得できるか否かを吟味しなければならない。つまり，分母に利用している会計数値についても分析しなければならない。以下では，そのために必要な「成長性の分析」についてみていくことにしよう。

《参考》GER（Goodwill-Earnings Ratio）[6]

　株価はこの株式に（将来も含めて）どれだけの価値が累積されると「市場」が考えているかを示していて，１株当たり株主資本は，現在に至るまでに企業（つまり，株式）に累積されてきた価値を会計ルールに従って表現しているのであった。よって，株価から１株当たり株主資本を差し引けば，「市場」が考えている株式の価値のうち，将来にわたって累積（または毀損）されると考えている部分を抜き出すことができる。投資判断にあたって吟味しなければならないのは，株価のうち，憶測を含んだ「将来」の累積（または毀損）価値部分であるから，これと価値の変動を表す１株当たり当期純利益（連結損益計算書の場合は「親会社株主に帰属する当期純利益」）を比較してみよう。

　この指標は，株価，１株当たり株主資本，１株当たり当期純利益（連結損益計算書の場合は「親会社株主に帰属する当期純利益」）の３つを用いたものであるから，PBRとPERを同時に考慮した指標と捉えることができる。ここでは，この指標を「GER」と呼ぶことにしよう。

　GERは以下のように表現できる。なお，連結財務諸表を作成・開示している企業については，以下の式にある「当期純利益」を適宜「親会社株主に帰属する当期純利益」と読み替えて計算してほしい。

$$\text{GER（倍）} = \frac{\text{株価} - \text{１株当たり株主資本}}{\text{１株当たり当期純利益}}$$

　つまり，GERは企業が当期に積み上げた価値の何倍の価値を将来累積（または毀損）することができると「市場」が考えているかを示している。

　Ａ社とＢ社の数値例に戻ると，Ａ社のGERは10倍であり，Ｂ社のそれは−10倍である。つまり，Ａ社は当期に積み上げた価値の10倍の価値を将来累積するいっぽう，Ｂ社は10倍の価値を将来毀損すると「市場」が考えていることになる。

成長性の分析

　PER（またはGER）の水準が妥当か否かを判断するためには，将来の利益，つまり，利益の成長性について考えなければならない。同様に，PBRの水準が妥当か否かを判断するためには，将来の株主資本，つまり，資本の成長性について考えなければならない。成長性を考えるうえで出発点となる指標は「成長率」であり，1期先の成長率は以下のように定義される。なお，百分率（％）ベースで表示したい場合は，以下の定義に従って計算した割合ベースの成長率を100倍すればよい。

$$成長率 = \frac{1期先の会計数値 - 現在の会計数値}{現在の会計数値}$$

　以下では，株主資本成長率と純利益成長率を紹介したうえで，それらの決定要因についてみていくことにしよう。

(1) 株主資本成長率

　上述したように，PBRの水準が妥当か否かを判断するための出発点は，1期先の株主資本成長率を考えることである。それは以下のように定義される。

$$1期先の株主資本成長率 = \frac{翌期末株主資本 - 翌期首（当期末）株主資本}{翌期首（当期末）株主資本}$$

　ここで，数値例としてA社とB社の翌期末の株主資本をそれぞれ10,900円と10,200円と予想したとしよう。A社とB社の株主資本はともに10,000円であったから，A社の1期先の株主資本成長率は0.09（9％），B社のそれは0.02（2％）と予想したことになる。A社のPBRはB社のそれより高かったが，その一因は分析のベースとなる会計数値（株主資本）の成長率のちがいにあると考えられよう。

　この成長率の決定要因を探るため，分子にあたる株主資本の変動額について考えてみよう。株主資本等変動計算書の構造からも明らかなように，株主資本の変動額は，以下のような「クリーン・サープラス関係」によって表現できる。もちろん，連結財務諸表を作成・開示している企業については，以下の式にある「当期純利益」を適宜「親会社株主に帰属する当期純利益」と読み替えることになる。

$$期末株主資本 - 期首株主資本 = 当期純利益 + 当期資本取引$$

　特段の事情がない限り，新株発行や自社株買いといった一時的な性格をもつ資本取引が翌期に実行されることを想定する必要はない。よって，翌期の資本取引としては，「剰余金の配当」のみを考えればよく，1期先の株主資本成長率は以下のように表現することができる。

$$1期先の株主資本成長率 = \frac{翌期の「当期純利益」 - 翌期の「剰余金の配当」}{翌期首株主資本}$$

これは割合ベースの「ROE（株主資本当期純利益率）[7]」と「株主資本配当率」を用いて，以下のように簡潔に表現できる。

> 1期先の株主資本成長率＝1期先のROE－1期先の株主資本配当率

なお，株主資本配当率は，配当性向と同様，配当による株主還元の程度を示す指標であり，以下のように定義される。

$$株主資本配当率（\%）＝\frac{剰余金の配当}{期首株主資本}×100$$

また，適当な式変形を施すことにより，1期先の株主資本配当率は，割合ベースの「ROE」と「配当性向」を用いて以下のように表現することもできる[8]。

> 1期先の株主資本成長率＝1期先のROE×（1－1期先の配当性向）

A社とB社の数値例として，ここでは翌期の当期純利益がそれぞれ1,200円と400円，剰余金の配当がそれぞれ300円と200円と予想したとしよう。このとき，1期先のROEはそれぞれ12％と4％，株主資本配当率はそれぞれ3％と2％，配当性向はそれぞれ25％と50％と予想したことになる。先の数値例と同様，A社とB社の1期先の株主資本成長率がそれぞれ9％と2％になることを確認してほしい。

ここで，企業の配当方針は「決算短信」などで開示されており，株主資本配当率や配当性向といった指標は特段予測する必要がないことから，将来の株主資本成長率を考える際は，「将来のROE予測」が重要であることがわかる。

《参考》配当利回り

投資家が1年間の株式投資によって獲得できる期待リターン（投資収益率）を式で表すと，以下のようになる。

$$期待リターン＝\frac{1期先の年間配当金^{[9]}＋（1期先の株価－現時点の株価）}{現時点の株価}$$

このうち，配当に関するリターンを「インカム・ゲイン」と呼び，株価に関するリターンを「キャピタル・ゲイン」と呼ぶ。

ここで，配当利回りと呼ばれる指標を紹介しよう。配当利回りとは，期待リターンのうち，インカム・ゲインを測る指標であり，以下のように定義される。

$$配当利回り（\%）＝\frac{年間配当金}{株価}×100$$

A社とB社の数値例として，年間配当金がそれぞれ3円と20円であったとしよう。このとき，A社の配当利回りは1.5%，B社のそれは4％となる。このことから，B社に投資したほうが大きなインカム・ゲインが期待できるといえる。しかし，期待リターンはインカム・ゲインのみならず，キャピタル・ゲインによっても左右される点に注意しよう。いくら大きな配当が得られても，それ以上に株価が下落してしまっては元も子もない。配当利回りをベースに投資意思決定を行う場合であっても，株価が下落する可能性を分析することを忘れてはならない[10]。

(2)　純利益成長率

上述したように，PERの水準が妥当か否かを判断するための出発点は，1期先の純利益成長率を考えることである[11]。それは，割合ベースで以下のように定義される。なお，連結財務諸表を作成・開示している企業については，以下の式にある「当期純利益」を適宜「親会社株主に帰属する当期純利益」と読み替えて計算してほしい。

$$1期先の純利益成長率 = \frac{翌期の「当期純利益」 - 当期の「当期純利益」}{当期の「当期純利益」}$$

A社とB社の数値例では，当期の「当期純利益」がそれぞれ1,000円と500円，翌期の「当期純利益」がそれぞれ1,200円と400円であった。これより，A社の1期先の純利益成長率は0.2（20%），B社のそれは−0.2（−20%）と予想したことになる。A社のPERはB社のそれより高かったが，その一因は分析のベースとなる会計数値（当期純利益）の成長率のちがいにあると考えられよう。

ここで，この成長率の決定要因を探るため，上式を以下のように変形してみよう。

$$1期先の純利益成長率 = \frac{\frac{翌期の「当期純利益」}{翌期首株主資本} \times \frac{翌期首（当期末）株主資本}{当期首株主資本}}{\frac{当期の「当期純利益」}{当期首株主資本}} - 1$$

これを適当に整理すると，以下の式が得られる。

$$1+1期先の純利益成長率 = (1+翌期のROE成長率) \times (1+当期の株主資本成長率)$$

なお，翌期のROE成長率は以下のように定義している。

$$翌期のROE成長率 = \frac{翌期のROE - 当期のROE}{当期のROE}$$

このことから，株主資本成長率のケースと同様，将来の純利益成長率を考える際にも，「将来のROE予測」が重要であることがわかる。

投資意思決定と財務諸表分析

　上述したように，会計数値を利用した株価の分析において，その前段階として会計数値を分析する際には，将来のROEを適切に予測することが何よりも重要である。ここで，「非支配株主に帰属する当期純利益」や「純資産と株主資本の差額」といったROEに与える影響が小さい項目を無視すると，ROEは以下のように分解することができる。

$$ROE = \frac{当期純利益}{総資産} \times \frac{総資産（＝負債＋純資産）}{株主資本（＝純資産）}$$

　これは，第5章「収益性の分析」と第6章「安全性の分析」で紹介した指標を割合ベースに修正したうえで，以下のように表現できる。

$$ROE = ROA \times （1 ＋ 純資産負債比率）$$

　このことから，将来のROE予測には「収益性の分析」と「安全性の分析」といった，前章までに学習した財務諸表分析が役立つことがわかるだろう。

　これらの分析を経て，「市場」が考えている以上に企業（つまり，株式）に価値を生み出す能力があると判断できれば，その株式は私たちにとって「割安」であり，購入という投資判断を下せばよい。反対に，「市場」が考えているよりも企業（つまり，株式）に価値を生み出す能力がないと判断できれば，その株式は私たちにとって「割高」であるから，売却という投資判断を下せばよいことになる。もちろん，その判断は人それぞれ異なるから，その株式を購入する人もいれば，売却する人もいる。

　なお，分析をより詳細に行うことで，判断を誤る可能性を減らすことはできるが，その可能性は決してゼロにはならないことに注意しよう。

（注）

1　現行の会計ルールでは，一部の資産負債について割引現在価値評価が適用されているから，将来にわたって累積される（または毀損する）と期待される価値は，部分的に会計情報に含まれている。以降，本章では議論を単純化するため，この点については言及せずに説明をおこなう。なお，会計ルールは保守主義の原則に従って作成されているから，会計情報に含まれる将来情報は，将来にわたって毀損すると考えられる価値のほうが多くなる傾向がある。

2　なお，これらは，「株主資本」に「評価・換算差額等」を加えると「自己資本」になり，そこに「新株予約権」と（連結貸借対照表であれば）「非支配株主持分」を加えると「純資産」になるという関係にある。

3　そのため，PBRの訳語としては「株価純資産倍率」が定着している。

4　株価と比較するのは「収益」ではなく「利益」であるが，PERの訳語としては「株価収益率」が定

着している。

5　連結財務諸表を作成・開示している企業についても,「決算短信」などでは1株当たり利益情報として「1株当たり当期純利益」が開示されている。この数値は「親会社株主に帰属する当期純利益」をベースに算定されているため, 連結財務諸表を作成・開示している企業についても, 実務上は, 企業が算定している「1株当たり当期純利益」をそのまま用いて問題ない。

6　この指標は本書オリジナルのものであり, あえて訳語を付けるとすれば「超過収益倍率」となるだろう。なお, この指標は「残余利益モデル」と呼ばれる株式価値評価モデルで, 割引率をゼロと置いたケースに相当するものと捉えることができる。残余利益モデルについては, 企業価値評価に関する標準的なテキストを参照してほしい。

7　ここでのROEの分母は「期中平均」ではなく「期首」の数値を用いている。なお, 株主資本等変動計算書の構造を考えれば, ROEは「期首」の株主資本を出発点として, それを1期間でどれだけ（資本取引によらずに）増やすことができたのかを示すものとみることができるから,分母としては「期首」を用いたほうが論理的といえる。

8　これは「サステイナブル成長率」と呼ばれる指標そのものである。

9　年間配当金は1株当たりの数値であり, 企業が「決算短信」などで開示しているものである。

10　なお, 将来の配当が増えればその分だけインカム・ゲインは大きくなるが, 同時に将来の株主資本成長率が小さくなるため, それによって株価が下落し, その分だけキャピタル・ゲインも小さくなる点に注意しよう。

11　そのため, 実務ではPERの分母に「決算短信」などで開示されている1株当たり当期純利益の経営者予想を用いることも多い。このときのPERを「予想PER」と呼び, 実績値を用いる場合の「実績PER」とは区別される。

第2部

財務諸表分析の
すすめ方

ここでは，第1部の解説を受け，有価証券報告書の情報により，企業の財務諸表分析の例を示します。

第8章では，旭化成と東レの企業間比較を，第9章では，東レの2期にわたる趨勢分析を行っています。

このようなケースを示した点も本書の特長です。これを参照し，読者の皆さんが実際に財務諸表分析を試みられることを期待しています。

第8章

企業間比較分析
——旭化成と東レのケース——

Summary　他の企業の指標と比較する方法を，企業間比較分析という。単独で企業をみても，本当にその企業の業績がよいかはわからないので，この分析を行うことにより，客観性が担保される。なお，比較対象とする企業は，同業種かつ規模が同程度であることが望ましい。

第1節　財務諸表の提示

　本章では，繊維を扱っている日本企業である旭化成㈱（以下，旭化成）と東レ㈱（以下，東レ）の企業間比較をするために，それぞれの第×期の「連結貸借対照表」（20X2年3月31日現在）と，「連結損益計算書」「連結包括利益計算書」「連結キャッシュ・フロー計算書」（20X1年4月1日から20X2年3月31日まで）を次ページ以降に掲げる。分析において求める比率によっては，前期（第○期）の財務諸表も必要なので，それも併せて提示する。

　各指標の前に付されている番号は，第5～7章の分析方法の番号と対応している。以下，とくに断らない限り，単位は百万円とする。また，比率計算においては，小数点第3位を四捨五入する。

連結貸借対照表——旭化成㈱

（単位：百万円）

資産の部	(20X1年 3月31日)	(20X2年 3月31日)	負債の部	(20X1年 3月31日)	(20X2年 3月31日)
流動資産			流動負債		
現金及び預金	156,318	193,893	支払手形及び買掛金	171,413	180,429
受取手形及び売掛金	341,396	350,716	短期借入金	118,018	97,579
商品及び製品	169,948	201,699	コマーシャル・ペーパー	20,000	77,000
仕掛品	109,486	131,686	1年内償還予定の社債	–	20,000
原材料及び貯蔵品	80,253	93,961	リース債務	199	164
その他	83,956	82,900	未払費用	105,787	113,221
貸倒引当金	△ 2,411	△ 3,461	未払法人税等	29,714	24,971
流動資産合計	938,947	1,051,393	前受金	70,142	75,836
固定資産			株式給付引当金	28	82
有形固定資産			修繕引当金	3,185	5,342
建物及び構築物	517,562	547,422	製品保証引当金	2,730	3,102
減価償却累計額	△ 285,760	△ 294,536	固定資産撤去費用引当金	2,425	2,251
建物及び構築物（純額）	231,802	252,886	その他	65,505	81,877
機械装置及び運搬具	1,399,081	1,439,166	流動負債合計	589,146	681,853
減価償却累計額	△ 1,200,504	△ 1,222,201	固定負債		
機械装置及び運搬具（純額）	198,577	216,966	社債	20,000	20,000
土地	62,938	63,889	長期借入金	143,176	209,878
リース資産	11,698	10,159	リース債務	352	253
減価償却累計額	△ 10,901	△ 9,423	繰延税金負債	36,639	48,299
リース資産（純額）	798	736	株式給付引当金	172	289
建設仮勘定	50,502	64,188	修繕引当金	3,263	2,929
その他	153,002	160,631	固定資産撤去費用引当金	2,699	3,018
減価償却累計額	△ 135,571	△ 137,930	退職給付に係る負債	170,634	168,685
その他（純額）	17,431	22,701	長期預り保証金	20,658	21,143
有形固定資産合計	562,048	621,366	その他	15,198	16,145
無形固定資産			固定負債合計	412,793	490,639
のれん	252,724	319,898	負債合計	1,001,939	1,172,493
その他	161,898	210,080	純資産の部		
無形固定資産合計	414,621	529,970	株主資本		
投資その他の資産			資本金	103,389	103,389
投資有価証券	314,830	296,330	資本剰余金	79,440	79,708
長期貸付金	27,793	19,993	利益剰余金	981,934	1,077,586
繰延税金資産	17,775	27,508	自己株式	△ 3,930	△ 3,936
その他	31,406	29,052	株主資本合計	1,160,833	1,256,747
貸倒引当金	△ 266	△ 418	その他の包括利益累計額		
投資その他の資産合計	391,538	372,465	その他有価証券評価差額金	121,128	101,971
固定資産合計	1,368,207	1,523,810	繰延ヘッジ損益	92	△ 40
			為替換算調整勘定	28,676	42,020
			退職給付に係る調整累計額	△ 23,343	△ 19,213
			その他の包括利益累計額合計	126,553	124,738
			非支配株主持分	17,827	21,225
			純資産合計	1,305,214	1,402,710
資産合計	2,307,154	2,575,203	負債純資産合計	2,307,154	2,575,203

連結損益計算書及び包括利益計算書——旭化成㈱

連結損益計算書

（単位：百万円）

	（自　20X0年4月1日 至　20X1年3月31日）	（自　20X1年4月1日 至　20X2年3月31日）
売上高	2,042,216	2,170,403
売上原価	1,393,111	1,481,855
売上総利益	649,105	688,548
販売費及び一般管理費	450,630	478,960
営業利益	198,475	209,587
営業外収益		
受取利息	2,078	3,094
受取配当金	6,626	6,060
持分法による投資利益	13,137	12,112
その他	5,961	4,238
営業外収益合計	27,802	25,504
営業外費用		
支払利息	4,594	4,371
為替差損	2,971	2,686
その他	6,169	8,058
営業外費用合計	13,733	15,115
経常利益	212,544	219,976
特別利益		
投資有価証券売却益	15,164	11,580
固定資産売却益	534	655
特別利益合計	15,698	12,235
特別損失		
投資有価証券評価損	31	173
固定資産処分損	6,261	6,630
減損損失	2,158	11,090
事業構造改善費用	1,460	3,921
特別損失合計	9,908	21,814
税金等調整前当期純利益	218,333	210,397
法人税，住民税及び事業税	63,239	63,730
法人税等調整額	△ 17,095	△ 3,148
法人税等合計	46,143	60,582
当期純利益	172,190	149,815
非支配株主に帰属する当期純利益	1,941	2,303
親会社株主に帰属する当期純利益	170,248	147,512

連結包括利益計算書

（単位：百万円）

	（自　20X0年4月1日 至　20X1年3月31日）	（自　20X1年4月1日 至　20X2年3月31日）
当期純利益	172,190	149,815
その他の包括利益		
その他有価証券評価差額金	7,651	△ 19,058
繰延ヘッジ損益	37	△ 132
為替換算調整勘定	△ 12,252	12,464
退職給付に係る調整額	9,735	4,311
持分法適用会社に対する持分相当額	356	1,297
その他の包括利益合計	5,528	△ 1,119
包括利益	177,717	148,696
（内訳）		
親会社株主に係る包括利益	175,557	146,339
非支配株主に係る包括利益	2,160	2,357

連結キャッシュ・フロー計算書——旭化成㈱

(単位：百万円)

	(自 20X0年4月1日 至 20X1年3月31日)	(自 20X1年4月1日 至 20X2年3月31日)
営業活動によるキャッシュ・フロー		
税金等調整前当期純利益	218,333	210,397
減価償却費	95,415	84,556
減損損失	2,158	11,090
のれん償却額	18,048	19,490
負ののれん償却額	△ 159	△ 159
株式給付引当金の増減額（△は減少）	200	170
修繕引当金の増減額（△は減少）	1,280	1,823
製品保証引当金の増減額（△は減少）	280	364
固定資産撤去費用引当金の増減額（△は減少）	△ 1,066	145
訴訟損失引当金の増減額（△は減少）	△ 2,137	－
退職給付に係る負債の増減額（△は減少）	△ 4,875	△ 4,287
受取利息及び受取配当金	△ 8,704	△ 9,154
支払利息	4,594	4,371
持分法による投資損益（△は益）	△ 13,137	△ 12,112
投資有価証券売却損益（△は益）	△ 15,164	△ 11,580
投資有価証券評価損益（△は益）	31	173
固定資産売却損益（△は益）	△ 534	△ 655
固定資産処分損益（△は益）	6,261	6,630
売上債権の増減額（△は増加）	△ 38,986	3,942
たな卸資産の増減額（△は増加）	△ 11,815	△ 57,968
仕入債務の増減額（△は減少）	23,020	△ 776
未払費用の増減額（△は減少）	6,014	5,859
前受金の増減額（△は減少）	△ 2,463	5,266
その他	17,259	15,328
小計	293,851	272,914
利息及び配当金の受取額	10,267	11,247
利息の支払額	△ 4,736	△ 4,412
法人税等の支払額又は還付額（△は支払）	△ 49,492	△ 67,687
営業活動によるキャッシュ・フロー	249,891	212,062
投資活動によるキャッシュ・フロー		
定期預金の預入による支出	△ 9,508	△ 13,812
定期預金の払戻による収入	3,012	7,880
有形固定資産の取得による支出	△ 82,909	△ 114,718
有形固定資産の売却による収入	1,601	652
無形固定資産の取得による支出	△ 13,363	△ 10,136
投資有価証券の取得による支出	△ 11,564	△ 2,024
投資有価証券の売却による収入	17,774	17,030
連結の範囲の変更を伴う子会社株式の取得による支出	－	△ 93,487
事業譲受による支出	－	△ 2,764
貸付けによる支出	△ 45,261	△ 5,092
貸付金の回収による収入	30,568	18,813
その他	△ 645	△ 659
投資活動によるキャッシュ・フロー	△ 110,294	△ 198,917
財務活動によるキャッシュ・フロー		
短期借入金の純増減額（△は減少）	△ 28,935	△ 36,840
コマーシャル・ペーパーの増減額（△は減少）	△ 36,000	57,000
長期借入れによる収入	15,395	85,492
長期借入金の返済による支出	△ 23,532	△ 53,833
社債の発行による収入	－	20,000
社債の償還による支出	△ 20,000	－
リース債務の返済による支出	△ 389	△ 237
自己株式の取得による支出	△ 688	△ 40
自己株式の処分による収入	2	40
配当金の支払額	△ 39,106	△ 51,674
非支配株主への配当金の支払額	△ 1,141	△ 1,155
連結の範囲の変更を伴わない子会社株式の取得による支出	－	△ 1,148
その他	△ 18	△ 217
財務活動によるキャッシュ・フロー	△ 134,412	17,388
現金及び現金同等物に係る換算差額	△ 937	543
現金及び現金同等物の増減額（△は減少）	4,247	31,077
現金及び現金同等物の期首残高	144,077	148,596
連結の範囲の変更に伴う現金及び現金同等物の増減額（△は減少）	272	846
現金及び現金同等物の期末残高	148,596	180,520

連結貸借対照表——東レ㈱

（単位：百万円）

	（20X1年 3月31日）	（20X2年 3月31日）		（20X1年 3月31日）	（20X2年 3月31日）
資産の部			負債の部		
流動資産			流動負債		
現金及び預金	141,101	168,507	支払手形及び買掛金	245,550	240,554
受取手形及び売掛金	489,549	531,058	短期借入金	135,936	175,567
商品及び製品	248,513	228,480	1年内返済予定の長期借入金	62,974	44,094
仕掛品	92,501	85,880	コマーシャル・ペーパー	46,000	−
原材料及び貯蔵品	98,659	105,167	1年内償還予定の社債	229	50,000
その他	58,739	74,517	未払法人税等	13,966	13,578
貸倒引当金	△ 2,037	△ 2,280	賞与引当金	21,531	22,029
流動資産合計	1,127,025	1,191,329	役員賞与引当金	226	179
固定資産			その他	150,084	150,492
有形固定資産			流動負債合計	676,496	696,493
建物及び構築物	631,681	651,084	固定負債		
減価償却累計額	△ 354,530	△ 364,855	社債	241,264	290,000
建物及び構築物（純額）	277,151	286,229	長期借入金	326,393	412,761
機械装置及び運搬具	1,902,003	1,989,553	繰延税金負債	31,387	48,758
減価償却累計額	△ 1,479,810	△ 1,531,879	役員退職慰労引当金	1,220	1,337
機械装置及び運搬具（純額）	422,193	457,674	退職給付に係る負債	101,786	100,730
土地	78,370	77,687	その他	28,176	24,328
建設仮勘定	120,514	143,847	固定負債合計	730,226	877,914
その他	115,121	121,512	負債合計	1,406,722	1,574,407
減価償却累計額	△ 86,320	△ 90,073	純資産の部		
その他（純額）	28,801	31,439	株主資本		
有形固定資産合計	927,029	996,876	資本金	147,873	147,873
無形固定資産			資本剰余金	117,572	117,760
のれん	40,146	85,712	利益剰余金	763,504	817,263
その他	28,501	85,537	自己株式	△ 20,631	△ 20,358
無形固定資産合計	68,647	171,249	株主資本合計	1,008,318	1,062,538
投資その他の資産			その他の包括利益累計額		
投資有価証券	353,091	333,670	その他有価証券評価差額金	74,290	64,662
長期貸付金	1,447	2,477	繰延ヘッジ損益	△ 901	75
繰延税金資産	21,539	21,978	為替換算調整勘定	4,830	896
退職給付に係る資産	28,812	24,440	退職給付に係る調整累計額	4,158	2,862
その他	51,281	49,113	その他の包括利益累計額合計	82,377	68,495
貸倒引当金	△ 2,961	△ 2,781	新株予約権	1,334	1,338
投資その他の資産合計	453,209	428,897	非支配株主持分	77,159	81,573
固定資産合計	1,448,885	1,597,022	純資産合計	1,169,188	1,213,944
資産合計	2,575,910	2,788,351	負債純資産合計	2,575,910	2,788,351

連結損益計算書及び包括利益計算書——東レ㈱

連結損益計算書

（単位：百万円）

	（自20X0年4月1日 至20X1年3月31日）	（自20X1年4月1日 至20X2年3月31日）
売上高	2,204,858	2,388,848
売上原価	1,748,017	1,935,486
売上総利益	456,841	453,362
販売費及び一般管理費	300,377	311,893
営業利益	156,464	141,469
営業外収益		
受取利息	1,384	2,294
受取配当金	3,838	4,589
持分法による投資利益	9,221	9,619
雑収入	4,607	5,395
営業外収益合計	19,050	21,897
営業外費用		
支払利息	5,091	7,161
新規設備操業開始費用	6,818	4,836
休止設備関連費用	4,843	8,778
雑損失	6,457	8,073
営業外費用合計	23,209	28,848
経常利益	152,305	134,518
特別利益		
有形固定資産売却益	931	15,827
投資有価証券売却益	3,532	1,896
退職給付信託返還益	－	2,532
その他	84	2,087
特別利益合計	4,547	22,342
特別損失		
有形固定資産処分損	8,015	6,076
減損損失	3,944	18,414
投資有価証券評価損	87	2,521
関係会社事業損失	3,591	673
環境対策費	2,597	－
和解金	－	864
その他	2,006	893
特別損失合計	20,240	29,441
税金等調整前当期純利益	136,612	127,419
法人税，住民税及び事業税	34,851	37,293
法人税等調整額	△ 1,419	2,338
法人税等合計	33,432	39,631
当期純利益	103,180	87,788
非支配株主に帰属する当期純利益	7,265	8,415
親会社株主に帰属する当期純利益	95,915	79,373

連結包括利益計算書

（単位：百万円）

	（自20X0年4月1日 至20X1年3月31日）	（自20X1年4月1日 至20X2年3月31日）
当期純利益	103,180	87,788
その他の包括利益		
その他有価証券評価差額金	8,100	△ 9,579
繰延ヘッジ損益	△ 997	1,064
為替換算調整勘定	△ 5,820	△ 4,767
退職給付に係る調整額	2,635	△ 1,325
持分法適用会社に対する持分相当額	△ 1,770	△ 605
その他の包括利益合計	2,148	△ 15,212
包括利益	105,328	72,576
（内訳）		
親会社株主に係る包括利益	96,452	65,491
非支配株主に係る包括利益	8,876	7,085

連結キャッシュ・フロー計算書——東レ㈱

(単位：百万円)

	（自20X0年4月1日 至20X1年3月31日）	（自20X1年4月1日 至20X2年3月31日）
営業活動によるキャッシュ　フロー		
税金等調整前当期純利益	136,612	127,419
減価償却費	95,815	101,711
減損損失	3,944	18,414
のれん償却額	8,865	11,599
貸倒引当金の増減額（△は減少）	△ 457	15
退職給付に係る負債の増減額（△は減少）	193	△ 1,451
受取利息及び受取配当金	△ 5,222	△ 6,883
支払利息	5,091	7,161
為替差損益（△は益）	145	213
持分法による投資損益（△は益）	△ 9,221	△ 9,619
有形固定資産処分損益（△は益）	7,084	△ 9,751
投資有価証券売却及び評価損益（△は益）	△ 3,239	666
売上債権の増減額（△は増加）	△ 61,969	△ 33,582
たな卸資産の増減額（△は増加）	△ 31,492	28,427
仕入債務の増減額（△は減少）	11,594	△ 11,843
その他の流動資産の増減額（△は増加）	△ 3,968	△ 3,932
その他の流動負債の増減額（△は減少）	△ 77	△ 1,314
退職給付に係る資産の増減額（△は増加）	△ 4,974	△ 5,145
その他	3,737	△ 1,900
小計	152,461	210,205
利息及び配当金の受取額	16,111	15,704
利息の支払額	△ 5,052	△ 7,098
法人税等の支払額	△ 34,340	△ 42,572
営業活動によるキャッシュ・フロー	129,180	176,239
投資活動によるキャッシュ・フロー		
定期預金の純増減額（△は増加）	4,894	4,134
有形固定資産の取得による支出	△ 145,400	△ 165,809
有形固定資産の売却による収入	2,996	19,254
無形固定資産の取得による支出	△ 2,525	△ 3,821
投資有価証券の取得による支出	△ 67,274	△ 4,131
投資有価証券の売却による収入	13,421	8,387
連結の範囲の変更を伴う子会社株式の取得による支出	△ 2,654	△ 114,564
短期貸付金の純増減額（△は増加）	10,585	△ 544
長期貸付けによる支出	△ 437	△ 1,200
長期貸付金の回収による収入	217	442
その他	△ 508	△ 2,395
投資活動によるキャッシュ・フロー	△ 186,685	△ 260,247
財務活動によるキャッシュ・フロー		
短期借入金の純増減額（△は減少）	3,520	27,404
コマーシャル・ペーパーの純増減額（△は減少）	27,000	△ 46,000
長期借入れによる収入	78,912	134,530
長期借入金の返済による支出	△ 111,413	△ 65,350
社債の発行による収入	100,000	100,000
配当金の支払額	△ 22,400	△ 25,602
非支配株主への配当金の支払額	△ 2,039	△ 4,273
連結の範囲の変更を伴わない子会社株式の取得による支出	△ 10,480	△ 344
その他	△ 1,327	△ 1,474
財務活動によるキャッシュ・フロー	61,773	118,891
現金及び現金同等物に係る換算差額	△ 1,924	△ 327
現金及び現金同等物の増減額（△は減少）	2,344	34,556
現金及び現金同等物の期首残高	131,405	134,315
連結の範囲の変更に伴う現金及び現金同等物の増減額（△は減少）	566	4,207
現金及び現金同等物の期末残高	134,315	173,078

【追加資料】

	旭化成	東レ	
	20X2年 3月期	20X1年 3月期	20X2年 3月期
配当金総額（百万円）	51,674	22,402	25,608
1株当たり純資産（円）	989.51	681.92	706.95
1株当たり年間配当金（円）	34	15	16
期末発行済株式総数（自己株式除く）（百万株）	1,396.13	1,600.27	1,599.87
期中平均発行済株式総数（自己株式除く）（百万株）	1,396.13	1,599.71	1,600.07
有価証券報告書提出月の株価（円）	1,148.50	874.00	819.20

第2節　収益性の分析

 企業の立場からの分析

(1)　資産利益率

①　総資産当期純利益率（ROA）

$$
旭化成：\frac{149,815（当期純利益）}{(2,307,154（期首総資産）+2,575,203（期末総資産））\div 2}\times 100=6.14\%
$$

$$
東レ：\frac{87,788}{(2,575,910+2,788,351)\div 2}\times 100=3.27\%
$$

　ROAは，旭化成の方が高い。これは，旭化成の方が効率よく資産を使用して利益を獲得していることを表している。この比率は，長期市場金利より高いことが期待されるが，一方の東レも決算日時点の新発10年物国債利回りである△0.08％[1]を上回っている。

　ROAは，株主，銀行などさまざまな利害関係者から重視されるが，経営者にとっても重要な比率となる。なぜなら，企業資産を効率的に運用することが彼らの最も重要な仕事だからである。

　この比率を改善するには，利益を多く出すことは当然として，それ以外に，分母（総資産）を減らすことも考えられる。たとえば，必要以上に出資者から資本を預かりすぎて運用成果（利益）が出ていない場合，自己株式の取得や配当金の支払いなどの手段で出資者にその資本を返還することによって，資本を減らし，この比率を上げることもできる。ただし，この手法は当期純利益がマイナスの場合には，マイナスの度合いをむしろ増幅させる。

　第5章では，企業の見方として，株主資本利子と負債利子とを同列に扱うべきとする見解も示した。つまり負債に多く依存している企業は，負債利子のみ計算要素に含まれているROAが低く計算されるからである。そこで，貸方・資本調達について中立的な比率を計算してみる。

＜追補①－1＞　総資産利払前当期純利益率

$$
旭化成：\frac{149,815（当期純利益）+4,371（支払利息）}{(2,307,154（期首総資産）+2,575,203（期末総資産））\div 2}\times 100=6.32\%
$$

$$
東レ：\frac{87,788+7,161}{(2,575,910+2,788,351)\div 2}\times 100=3.54\%
$$

　ここでは，東レの利益率の方が①に対する増加割合が大きい。つまり，借入依存度が高いことを示している。さらにROAの分子を，資産負債アプローチの下で妥当と考えられる包括利益に代え

て計算してみる。

＜追補①－2＞　総資産利払前包括利益率

$$旭化成：\frac{148,696（包括利益）+4,371（支払利息）}{(2,307,154（期首総資産）+2,575,203（期末総資産))÷2}×100=6.27\%$$

$$東レ：\frac{72,576+7,161}{(2,575,910+2,788,351)÷2}×100=2.97\%$$

　両社ともに当期純利益＋支払利息を分子としたROAよりも数値が若干悪化している。ここでは両社の優劣に変化はないものの，その他の包括利益に含まれる未実現損益（評価差額）も当期の成果と考えると，結果が異なるケースがある。

②　総資産経常利益率

$$旭化成：\frac{219,976（経常利益）}{(2,307,154（期首総資産）+2,575,203（期末総資産))÷2}×100=9.01\%$$

$$東レ：\frac{134,518}{(2,575,910+2,788,351)÷2}×100=5.02\%$$

　当期純利益には，特別損益という，いわば当期の活動に関係のない項目が入っているので，当期の企業活動の成果を見るためには，経常利益を分子とした方が合理的である。この比率も旭化成が高い。

　経常利益の中には，負債利子が入っているので，これも企業の成果であると考えると，次の式が採用される。

③　総資産事業利益率

$$旭化成：\frac{219,976（経常利益）+4,371（支払利息）}{(2,307,154（期首総資産）+2,575,203（期末総資産))÷2}×100=9.19\%$$

$$東レ：\frac{134,518+7,161}{(2,575,910+2,788,351)÷2}×100=5.28\%$$

　事業利益に対応させるには，使用していない資産を排除し実際に使用している資産を比較することが理論的である[2]。

④　使用資産事業利益率

$$旭化成：\frac{219,976（経常利益）+4,371（支払利息）}{(2,256,652（期首使用資産）+2,511,015（期末使用資産))÷2}×100=9.41\%$$

※期末使用資産2,511,015＝期末総資産2,575,203－建設仮勘定64,188

$$東レ：\frac{134,518+7,161}{(2,455,396+2,644,504)÷2}×100=5.56\%$$

※期末使用資産2,644,504＝期末総資産2,788,351－建設仮勘定143,847

③より④の比率が良化するのは当然として，これらの比率も，旭化成が高く，約1.7倍の効率を示している[3]。

企業にとって重要なのは営業である。企業は本業である営業活動によって多くの利益を獲得する必要がある。そこで，営業の効率を見てみよう。

⑤　営業資産営業利益率

$$旭化成：\frac{209,587（営業利益）}{(1,865,114（期首営業資産）+2,138,550（期末営業資産))÷2}×100=10.47\%$$

※期末営業資産2,138,550＝期末総資産2,575,203－建設仮勘定64,188－投資その他の資産372,465

$$東レ：\frac{141,469}{(2,002,187+2,215,607)÷2}×100=6.71\%$$

※期末営業資産2,215,607＝期末総資産2,788,351－建設仮勘定143,847－投資その他の資産428,897

営業活動の効率性をみても，旭化成の方が東レを上回っている。

さて，利益率の改善のためには，収益に対する利益の率を高めるか，資産の運用効率である回転率を高める必要がある。そこで，この二面から，両者を比較してみよう。

⑥　資産利益率（ROA）の分解

ここで，第5章で示したROAの分解式を再掲し，本例にあてはめてみる。

$$\frac{当期純利益}{総資産}×100=\frac{当期純利益}{総収益}×100（Ⅰ)×\frac{総収益}{総資産}（Ⅱ)$$

	ROA	Ⅰ	Ⅱ
旭化成	6.14%	6.78%	0.90回
東レ	3.27%	3.61%	0.91回

この比較により，利益率は旭化成が高く，回転率は東レの方が若干ではあるが高いことがわかる。ここから，旭化成は「利益率重視」の経営を行っているのに対し，東レは「回転率（効率）重視」

の経営を行っていることがうかがえる。

　利益率と回転率は，経営者にとって重要な比率となる。なぜなら，自社の経営方針において，利益率重視か回転率（効率）重視かは，企業の運営に関わるからである。

　そこで，次に利益率から見てみよう。なお，利益の計算にあたっては，収益から費用が控除される。よって，収益と費用の関係を見ることも，利益対収益で計算する利益率の判定において重要である。なぜなら，費用の減少（コスト削減）も利益増加の要件，否むしろ収益の増加が見込めない時の根底をなす要件となるからである。ただし，経営において，ひたすら費用を削減することが好ましいといえないこともある点は注意を要する。

(2) 利益対収益比率および費用対収益比率

① 総収益当期純利益率

旭化成：$\dfrac{149,815（当期純利益）}{2,208,142（総収益）} \times 100 = 6.78\%$

　　　　※総収益2,208,142 = 売上高2,170,403 + 営業外収益25,504 + 特別利益12,235

東レ：$\dfrac{87,788}{2,433,087} \times 100 = 3.61\%$

　　　　※総収益2,433,087 = 売上高2,388,848 + 営業外収益21,897 + 特別利益22,342

　企業全体としての利益率は既述のように，旭化成の方が高い[4]。そこで，なぜこのような差が出ているのかを以下で分析していく。

② 売上高売上総利益率

旭化成：$\dfrac{688,548（売上総利益）}{2,170,403（売上高）} \times 100 = 31.72\%$

東レ：$\dfrac{453,362}{2,388,848} \times 100 = 18.98\%$

　旭化成が高いことから，東レよりも値入れ率の高い製品を扱っていることが推測できる。また，この結果からは，商品に対する付加価値が高いと買い手が判断したためにこの比率が良かったとも言える。一方，収益に対する控除項目である費用側からのアプローチが次の③である。

③ 売上高売上原価率

旭化成：$\dfrac{1,481,855（売上原価）}{2,170,403（売上高）} \times 100 = 68.28\%$

東レ：$\dfrac{1,935,486}{2,388,848} \times 100 = 81.02\%$

　この比率は旭化成の方が小さいことから，旭化成の方がコストの低い製品を扱っている，あるいは，生産効率がよいと推測できる。

④　売上高営業利益率

$$旭化成：\frac{209{,}587（営業利益）}{2{,}170{,}403（売上高）} \times 100 = 9.66\%$$

$$東レ：\frac{141{,}469}{2{,}388{,}848} \times 100 = 5.92\%$$

　営業利益の中には，売上原価の他に販売費及び一般管理費も含まれている。旭化成は②が高いのに加え，この率も高いが，東レと②ほどの差はついていない[5]。

　そこで，営業利益の控除要素である販売費及び一般管理費もみてみる。

⑤　売上高販売費及び一般管理費率

$$旭化成：\frac{478{,}960（販売費及び一般管理費）}{2{,}170{,}403（売上高）} \times 100 = 22.07\%$$

$$東レ：\frac{311{,}893}{2{,}388{,}848} \times 100 = 13.06\%$$

　東レは，売上高営業利益率は低かったが，この比率は旭化成よりも優れている。これは，東レの方が本社管理の能率は高かったことを示している。この場合，一般管理費に注目すると，一般に，本社機能は企業規模とくに販売生産活動の規模に比例すると考えられる。そこで，広告費などの販売費の影響を脇に置くと，この比率が他社よりも悪ければ，自社にどこかムダな管理費用が存在していると推測される。

⑥　経常収益経常利益率

$$旭化成：\frac{219{,}976（経常利益）}{2{,}195{,}907（経常収益）} \times 100 = 10.02\%$$

　　　　※経常収益2,195,907 ＝ 売上高2,170,403 ＋ 営業外収益25,504

$$東レ：\frac{134{,}518}{2{,}410{,}745} \times 100 = 5.58\%$$

　　　　※経常収益2,410,745 ＝ 売上高2,388,848 ＋ 営業外収益21,897

　この比率は，旭化成が高い。つまり，旭化成の方が全体として効率的な経営管理を行っていると推測できる。ただし，既述のように，負債依存度が高く資金調達コストを多く負っている企業は，この比率が低下する[6]。

(3)　回 転 率

①　総資産回転率（総収益対総資産）

$$旭化成：\frac{2,208,142（総収益）}{(2,307,154（期首総資産）+2,575,203（期末総資産))\div 2}=0.90回$$

$$東レ：\frac{2,433,087}{(2,575,910+2,788,351)\div 2}=0.91回$$

　この比率を見ると，これまでの多くの指標と異なり，若干ではあるが東レのほうが効率的に資産を利用していると判断できる[7]。このさらなる原因を求めて分析を進める。

②　営業資産回転率（売上高対営業資産）

$$旭化成：\frac{2,170,403（売上高）}{(1,865,114（期首営業資産）+2,138,550（期末営業資産))\div 2}=1.08回$$

$$東レ：\frac{2,388,848}{(2,002,187+2,215,607)\div 2}=1.13回$$

　ここから，東レの方が営業資産についても効率的に利用していることがわかる。ところで，分析対象企業のような設備産業では，固定資産を効率的に運用しているかについても重要なポイントになる。

③　固定資産回転率（総収益対固定資産）

$$旭化成：\frac{2,208,142（総収益）}{(1,368,207（期首固定資産）+1,523,810（期末固定資産))\div 2}=1.53回$$

$$東レ：\frac{2,433,087}{(1,448,885+1,597,022)\div 2}=1.60回$$

　固定資産の数値が，東レの方が大きく，かつそれに見合った総収益を計上していることから，この指標も東レが旭化成を上回っている。つまり，東レが固定資産を効率的に利用していることがわかる。
　以上，資産利用の効率性の見地ではすべての比率において東レが優れている。

2 株主の立場からの分析

(1) 資本利益率

① 株主資本当期純利益率（ROE）

$$旭化成：\frac{147,512（親会社株主に帰属する当期純利益）}{(1,160,833（期首株主資本）+1,256,747（期末株主資本))÷2}×100＝12.20\%$$

$$東レ：\frac{79,373}{(1,008,318+1,062,538)÷2}×100＝7.67\%$$

この比率は，他の利益率の指標と同様，旭化成の方が高い。これは，分母である株主資本は旭化成の方が大きい（つまり株主から預かっている資金が大きい）にもかかわらず，それに見合う十分な利益をあげているということを意味している[8]。

② 資本利益率（ROE）の分解

ここで，第5章で示した，ROEを3つに分解する式を再掲し，本例にあてはめてみる。なお，この式の構造上，ROEの分子は当期純利益を使わざるを得ないので，非支配株主に帰属する当期純利益の分だけ，①の結果とは異なる。

$$\frac{当期純利益}{株主資本}×100＝\frac{当期純利益}{総収益}×100（Ⅰ）×\frac{総収益}{総資本}（Ⅱ）×\frac{総資本}{株主資本}（Ⅲ）$$

	ROE	Ⅰ	Ⅱ	Ⅲ
旭化成	12.39%	6.78%	0.90回	2.05倍
東レ	8.48%	3.61%	0.91回	2.62倍

東レは財務レバレッジ（Ⅲ）が相対的に高く，これがROEの値を高める要因となっている。ただし，ROA（Ⅰ×Ⅱ）は旭化成のほうがかなり高いので，結果として旭化成の方が高いROEが算出されている。

(2) 配当性向と1株当たり当期純利益

① 配当性向

$$旭化成：\frac{51,674（配当金）}{147,512（親会社株主に帰属する当期純利益）}×100＝35.03\%$$

$$東レ：\frac{25,608}{79,373}×100＝32.26\%$$

旭化成の方がやや高い。これは，旭化成の方が，当期に稼いだ利益を株主に還元する割合が高かっ

たことを意味している。

　なお，株主の立場として，配当性向に加えて，配当原資が過去の利益の蓄積か，もしくは株主からの払込額かを把握することが重要になる[9]。これは，株主資本等変動計算書により確認できる。資本剰余金からも配当が行われている時は，いわゆる蛸足配当の可能性があり，とくに注意する必要がある[10]。

②　1株当たり当期純利益（円）

$$\text{旭化成：} \frac{147{,}512百万円（親会社株主に帰属する当期純利益）}{1{,}396.13百万株（期中平均発行済み株式総数）} = 105.66円$$

$$\text{東レ：} \frac{79{,}373百万円}{1{,}600.07百万株} = 49.61円$$

　旭化成が2.1倍ほど大きい。このことは，旭化成が1株当たり，東レの約2.1倍の利益をあげていることを示している。ただし，この指標の大きさにより単純にどちらの企業が良いかを判断することはできない。なぜならば，発行する株式の数は必ずしも負債を含む企業の規模（総資産）とは関連しないからである。

第3節　安全性の分析

◆1 ストック（時点）の安全性

(1)　貸借対照表を用いた分析

(1)-1　短期の安全性

①　流動比率（銀行家比率）

$$\text{旭化成：} \frac{1{,}051{,}393（流動資産）}{681{,}853（流動負債）} \times 100 = 154.20\%$$

$$\text{東レ：} \frac{1{,}191{,}329}{696{,}493} \times 100 = 171.05\%$$

　東レの方が高い。よって，東レは短期の安全性が高い企業であると言えるが，ベンチマークとなる200％は下回っているので，銀行にとって融資先として安全であるかはこれ以外の指標も含めて判断しなければならない。一方の旭化成は，紡績・繊維に分類されている企業の平均は上回っている[11]。これについて，流動負債に対して流動資産の中の棚卸資産が多ければ，安全性つまり流動資

産の質に問題があると言える。そこで，当座比率により，その詳細を分析しなければならない。

② 当座比率（酸性試験比率）

当座資産は本来，現金及び預金・売掛金・受取手形・（売買目的）有価証券・未収入金・短期貸付金（マイナス貸倒引当金）などであるが，本例の貸借対照表においてはこのうち現金及び預金・受取手形及び売掛金（マイナス貸倒引当金）が掲載されているので，これを当座資産として計算する。

旭化成：$\dfrac{541,148（当座資産）}{681,853（流動負債）} \times 100 = 79.36\%$

※当座資産541,148＝現金及び預金193,893＋受取手形及び売掛金350,716−貸倒引当金3,461

東レ：$\dfrac{697,285}{696,493} \times 100 = 100.11\%$

※当座資産697,285＝現金及び預金168,507＋受取手形及び売掛金531,058−貸倒引当金2,280

これも東レの方が高く，なおかつ目安となる100％をクリアしているので，在庫リスクを考慮しても安全性は高いと言える。一方の旭化成は，流動比率の結果と併せて考えると，短期の安全性に注意しなければならないであろう。なお，支払能力の実態については，後述のキャッシュ・フロー計算書からの情報も考慮に入れて，当座資金がどのように使われているかを慎重に分析する必要がある。

③ 売上債権対仕入債務比率

旭化成：$\dfrac{347,255（売上債権）}{180,429（仕入債務）} \times 100 = 192.46\%$

※売上債権347,255＝受取手形及び売掛金350,716−貸倒引当金3,461

東レ：$\dfrac{528,778}{240,554} \times 100 = 219.82\%$

※売上債権528,778＝受取手形及び売掛金531,058−貸倒引当金2,280

仕入債務と売上債権が等しければ，売買活動において，財務活動として中立的であるという論理的な目安となる100％をどちらも超えている。この比率が高いことは，販売取引先に対する信用を仕入先から与えられた信用よりも多く与えていることを意味する。これについて，販売先を大切にしていると見ることができるが，販売先に対する与信超過の恐れがあると穿って見ることもできる。一方，この比率が低いことからは，取引先からの信用度が高いと推測できる。

(1)-2　長期の安全性

①　総資産負債比率

$$旭化成：\frac{1,172,493（負債）}{2,575,203（総資産）}\times100＝45.53\%$$

$$東レ：\frac{1,574,407}{2,788,351}\times100＝56.46\%$$

　この比率から，旭化成の方が長期的には安全であることがわかる。一方，東レは，総資産のうち約56％が返済すべき負債で占められており，注意しなければならない。

　さらに，分母の総資産を，負債の返済を計算上担保する純資産に代えた，純資産負債比率を計算して長期的な安全性をみる場合もある。これにより，負債に対してどの程度の余裕があるかを知ることができる。

②　純資産負債比率（自己資本負債比率）

$$旭化成：\frac{1,172,493（負債）}{1,402,710（純資産）}\times100＝83.59\%$$

$$東レ：\frac{1,574,407}{1,213,944}\times100＝129.69\%$$

　これについて，東レは純資産に対して負債が約1.3倍もあり，安全度の評価において旭化成との差がより明示的になる[12]。

　一口に負債と言っても，企業経営に直接ダメージを与える有利子負債と，会計計算上の負債のようにダメージを直接には与えない負債とがある。そこで，有利子負債をみてみる。

③　デット・エクイティ・レシオ

$$旭化成：\frac{424,457（有利子負債）}{1,256,747（株主資本）}\times100＝33.77\%$$

　　　※有利子負債424,457＝短期借入金97,579＋コマーシャル・ペーパー77,000＋１年内償還予定の社債20,000＋社債20,000＋長期借入金209,878

$$東レ：\frac{972,422}{1,062,538}\times100＝91.52\%$$

　　　※有利子負債972,422＝短期借入金175,567＋１年内返済予定の長期借入金44,094＋１年内償還予定の社債50,000＋社債290,000＋長期借入金412,761

　有価証券報告書上，有利子負債とみなせるのは短期借入金・１年内返済予定の長期借入金・コマーシャル・ペーパー・１年内償還予定の社債・社債・長期借入金である。これを計算すると，旭化成

の比率が②と比較して非常に小さいことがわかる。すなわち，負債に占める有利子負債の割合が少なく，安全性が高い。

④　負債純資産倍率（負債資本倍率）

旭化成：$\dfrac{1,402,710（純資産）}{1,172,493（負債）} = 1.20$ 倍

東レ：$\dfrac{1,213,944}{1,574,407} = 0.77$ 倍

　負債に対して，資本構成上の余裕がどれほどあるかという視点での計算結果も示しておく。これは，②の第1項の逆数なので，大小は当然，②とは逆になる。

⑤　自己資本比率

旭化成：$\dfrac{1,381,485（自己資本）}{2,575,203（総資産）} \times 100 = 53.65\%$

　　　　※自己資本1,381,485＝純資産1,402,710－非支配株主持分21,225

東レ：$\dfrac{1,131,033}{2,788,351} \times 100 = 40.56\%$

　　　　※自己資本1,131,033＝純資産1,213,944－新株予約権1,338－非支配株主持分81,573

　旭化成の方が高いが，同じ総資産を分母としている①よりもその差が大きい。この原因として，東レの純資産に占める非支配株主持分が比較的多いことに起因する。すなわち，親会社の株主の視点から長期の安全性を検討すると，旭化成の方がより優位となる。

⑥　株主資本比率

旭化成：$\dfrac{1,256,747（株主資本）}{2,575,203（総資産）} \times 100 = 48.80\%$

東レ：$\dfrac{1,062,538}{2,788,351} \times 100 = 38.11\%$

　自己資本からさらにその他の包括利益累計額を減じた株主資本を分子としても，旭化成の方が安定的である。ただし，旭化成のその他の包括利益累計額が大きいため，⑤よりもその差が縮まっている。

⑦　**純資産固定負債比率**

$$旭化成：\frac{490,639（固定負債）}{1,402,710（純資産）} \times 100 = 34.98\%$$

$$東レ：\frac{877,914}{1,213,944} \times 100 = 72.32\%$$

　固定負債の提供者は多くの場合，社債権者である。このように考えると，この比率は社債権者にとって安全であるかどうかの判断基準となる。ところで，最近の連結財務諸表では，退職給付に係る負債の金額が多く，特に旭化成においては退職給付に係る負債が固定負債の3割強を占める。このような場合には，過去・現在の従業員が自らの年金の安全性を判断する基準にもなる。

⑧　**固定長期適合率**

$$旭化成：\frac{1,523,810（固定資産）}{1,402,710（純資産）+490,639（固定負債）} \times 100 = 80.48\%$$

$$東レ：\frac{1,597,022}{1,213,944+877,914} \times 100 = 76.34\%$$

　企業は固定資産を長期にわたって使用する。そこで，その元手は支払請求のないもの，あるいは長期にわたって請求がこないものに依存することが望ましい。つまり，1：1の関係である。このように考えると，固定資産の調達源泉を短期的に返済する必要のない資本に頼っているという意味では両社ともに安定的である。

＜追補⑧−1＞　**固定長期適合率**

$$旭化成：\frac{621,366（有形固定資産）+529,978（無形固定資産）}{1,256,747（株主資本）+490,639（固定負債）} \times 100 = 65.89\%$$

$$東レ：\frac{996,876+171,249}{1,062,538+877,914} \times 100 = 60.20\%$$

　分母を純資産から株主資本に代えた場合，分子の固定資産の中から「投資その他の資産」を控除した方がよい。これにより，営業活動を支える投資（とくに設備投資）が，安全な資本（株主資本と固定負債）により賄われているかどうかを見ることができる。この指標も，⑧と同じく，東レの方が低く，安全性が高いといえる。

⑨　純資産固定資産比率（固定比率）

$$旭化成：\frac{1,523,810（固定資産）}{1,402,710（純資産）} \times 100 = 108.63\%$$

$$東レ：\frac{1,597,022}{1,213,944} \times 100 = 131.56\%$$

　固定長期適合率の計算式の分母において固定負債を除き，いわば絶対的に安全な資金調達源泉と固定資産の割合を求めるこの指標の結果も示しておく。この結果と⑥の結果を比較すると，両社の数値は大きく増えている。これは，設備投資について返済が必要な資本に一部を依存していることを示唆している。

(2)　キャッシュ・フロー計算書も用いた分析

① 　フリー・キャッシュ・フロー

　　旭化成：212,062（営業活動によるキャッシュ・フロー）＋（△198,917）（投資活動によるキャッシュ・フロー）＝13,145
　　東レ：176,239＋（△260,247）＝△84,008

　フリー・キャッシュ・フローは，借入金の返済などに向けることができる。負債の返済は，前の負債比率や流動比率の改善につながり，企業の安定性を高めることになる。フリー・キャッシュ・フローが増えることは，それだけ企業に資金的余裕ができたことを意味する一方で，この金額が増加し続けることは，投資活動に資金が投下されなかった（投資機会がなかった）とも考えられるので，数値が大きいからと言って，好ましいとは限らない。

　この金額は，旭化成の方が高い。一方の東レはマイナスとなっているので，あまり好ましい状況とはいえない。なお，これをみるときには，総資産など企業の規模を考慮した上で，絶対額でその内訳を観察することも必要である。

② 　負債フリー・キャッシュ・フロー比率

$$旭化成：\frac{13,145（フリー・キャッシュ・フロー）}{(1,001,939（期首負債）+1,172,493（期末負債）) \div 2} \times 100 = 1.21\%$$

$$東レ：\frac{△84,008}{(1,406,722+1,574,407) \div 2} \times 100 = △5.64\%$$

　旭化成の方が高い。これは，旭化成の方が当期の事業活動の結果，企業に流入してきた余裕資金によって，負債の返済能力が高まったことを意味する。

③　流動負債営業キャッシュ・フロー比率

$$旭化成：\frac{212,062 \text{（営業活動によるキャッシュ・フロー）}}{(589,146 \text{（期首流動負債）} + 681,853 \text{（期末流動負債）}) \div 2} \times 100 = 33.37\%$$

$$東レ：\frac{176,239}{(676,496 + 696,493) \div 2} \times 100 = 25.67\%$$

　多くの流動負債は，営業資産の購入資金の源泉となっている，つまり営業活動を支えている。したがって，その返済には営業活動によるキャッシュ・フローを利用することが望ましい。この比率により，営業活動による流動負債の返済能力が判断できる。

　この比率も旭化成の方が相対的に良い。一方，この比率が極端に低い場合は，借入金の借換えなど営業活動以外の財務活動からのキャッシュ・フローに依存しなければならない可能性が高い。

❷　フロー（期間）の安全性

(1)　損益計算書を用いた分析

①　総収益支払利息比率

$$旭化成：\frac{4,371 \text{（支払利息）}}{2,208,142 \text{（総収益）}} \times 100 = 0.20\%$$

$$東レ：\frac{7,161}{2,433,087} \times 100 = 0.29\%$$

　この比率により，企業の総収益をあげるための，負債への依存度の実質がわかる。つまり，単なる総資産負債比率であれば，時点の比率であるから，企業経営への負債の圧迫度はその返済金額だけである。これに対して，この指標により，利息という形で期間活動への圧迫度がわかる。

②　売上高支払利息比率

$$旭化成：\frac{4,371 \text{（支払利息）}}{2,170,403 \text{（売上高）}} \times 100 = 0.20\%$$

$$東レ：\frac{7,161}{2,388,848} \times 100 = 0.30\%$$

　企業は経常的収入の大半を売上高に依存する。ところで，①の総収益の構成要素の中には，一部の特別利益のように，臨時的または収入をもたらすとは限らない利益も含まれる。そこで，必ず支払わなければならない利息については，その経常的な収入源である売上高と比較するのが望ましい。これにより，営業上，利息の支払負担に耐えられるかどうかが判断できる。

この比率も，①と同じく旭化成の方が東レより低い。ここから，総資産負債比率の結果とあわせて，東レにとって負債とその利子が，一定程度，経営上の負担になっていることが示唆される。

③ インタレスト・カバレッジ比率

$$旭化成：\frac{\begin{matrix} 209,587（営業利益）＋3,094（受取利息）\\ ＋6,060（受取配当金）＋12,112（持分法による投資利益）\end{matrix}}{4,371（支払利息）}＝52.81倍$$

$$東レ：\frac{141,469＋2,294＋4,589＋9,619}{7,161}＝22.06倍$$

両社とも1以上であり，分母の金融活動のアウト・フローが，営業活動と金融活動を合わせた事業活動のイン・フローの範囲に収まっている。旭化成の方が安全性の高い数値であることは①と②の結果と整合している[13]。

＜追補③-1＞ インタレスト・カバレッジ比率（キャッシュ・フローベース）

$$旭化成：\frac{\begin{matrix} 212,062（営業活動によるキャッシュ・フロー）\\ ＋4,412（利息の支払額）＋67,687（法人税等の支払額）\end{matrix}}{4,412（利息の支払額）}＝64.41倍$$

$$東レ：\frac{176,239＋7,098＋42,572}{7,098}＝31.83倍$$

また，発生主義の数値ではなく，直接的に利子支払能力を反映しているキャッシュ・フロー計算書の数値に置き換える方法も提示しておく。ここでは，金利の支払能力を見るために　税引き前の状態で把握するのが妥当と考えられるため，税金を足し戻している。

次に，営業活動に関するフローをストックとの関係で捉えて，安全性の分析指標となる回転率をみていく。

(2) 貸借対照表も用いた分析

① 仕入債務回転率（仕入債務売上原価比率）

$$旭化成：\frac{1,481,855（売上原価）}{(171,413（期首仕入債務）＋180,429（期末仕入債務））÷2}＝8.42回$$

$$東レ：\frac{1,935,486}{(245,550＋240,554)÷2}＝7.96回$$

仕入債務回転率は旭化成の方が高い。ということは，仕入業務の信用取引への依存度は東レの方が大きいことになる。

② 売上債権回転率（売上債権売上高比率）

$$旭化成：\frac{2,170,403（売上高）}{(338,985（期首売上債権）+347,255（期末売上債権))÷2}=6.33回$$

$$東レ：\frac{2,388,848}{(487,512+528,778)÷2}=4.70回$$

　企業は販売先に対して信用を供与するのが一般的である。この回転率が高いことは，売上債権の回収がスムーズであることを意味する。この点で，旭化成の方が債権の管理に努力していることがわかる。

③ 棚卸資産回転率（棚卸資産売上高比率または棚卸資産売上原価比率）

$$旭化成：\frac{2,170,403（売上高）}{(359,687（期首棚卸資産）+427,346（期末棚卸資産))÷2}=5.52回$$

　　※期末棚卸資産427,346＝商品及び製品201,699＋仕掛品131,686＋原材料及び貯蔵品93,961

$$東レ：\frac{2,388,848}{(439,673+419,527)÷2}=5.56回$$

　　※期末棚卸資産419,527＝商品及び製品228,480＋仕掛品85,880＋原材料及び貯蔵品105,167

　棚卸資産回転率は東レの方がわずかに高い。このことは，原材料や仕掛品，製品などの利用効率については東レの方がよいことを示している。

(3) キャッシュ・フロー計算書も用いた分析

① 売上高営業キャッシュ・フロー比率

$$旭化成：\frac{212,062（営業活動によるキャッシュ・フロー）}{2,170,403（売上高）}×100=9.77\%$$

$$東レ：\frac{176,239}{2,388,848}×100=7.38\%$$

　企業の資金の主たる源泉は売上高である。しかし，売上高は必ずしも全額が回収されるとは限らないので，即座に自由に使える資金の流入とは考えられない。そのうえ，営業活動を行うためには，営業費用の支出が必要である。これらを控除した営業活動からの現金の純流入を表すのが営業活動によるキャッシュ・フローである。売上高と営業活動によるキャッシュ・フローを対比させることにより，売上高からどれだけ自由な資金が得られたかがわかる。

　旭化成は東レよりも高い数値を出しているので，売上高から自由にできる資金を多く得ていることがわかる。

② 当期純利益キャッシュ・フロー比率

$$旭化成：\frac{31,077（キャッシュ・フロー）}{149,815（当期純利益）}×100＝20.74\%$$

$$東レ：\frac{34,556}{87,788}×100＝39.36\%$$

　会計上，当期純利益は発生主義により計算される。したがって，計算された利益は資金的裏付けをもつとは限らない。一方，資金は投資や借入金の返済などにも使用される。このような企業の資金の流れをまとめたキャッシュ・フローと，当期純利益を比較することにより，当期純利益の資金的裏付けを求めることができる。これは特に，株主が配当金を請求するときに，引出可能かどうかの目安になる。これを，企業からみれば，利益の処分可能性を判断するための重要な指標になる。

　この比率は東レの方が高いので，当期純利益に対して裏付けのあるキャッシュが流入してきていることを表している。なお，ここではキャッシュ・フローを現金及び現金同等物の増減額としている。

第4節　企業価値の分析

① PBR（株価純資産倍率）

$$旭化成：\frac{1,148.50円（株価）}{989.51円（1株当たり純資産）}＝1.16倍$$

$$東レ：\frac{819.20円}{706.95円}＝1.16倍$$

　ここでは実務上よく用いられる定義の方で計算している。1株当たりの純資産に対して株価が高いことは，市場が，その企業の将来の価値が上昇すると判断しているか，もしくはその株式が割高であることを意味する。なお，この財務諸表が公表された月の証券取引所第一部上場企業の加重平均PBRは1.1倍である[14]。

② PER（株価収益率）

$$旭化成：\frac{1,148.50円（株価）}{105.66円（1株当たり当期純利益）}＝10.87倍$$

$$東レ：\frac{819.20円}{49.61円}＝16.51倍$$

　ここでは実務上よく用いられる定義の方で計算している。この比率は，今，株式を購入するかどうかを判断する材料となる。この財務諸表が公表された月の証券取引所第一部上場企業の加重平均

PERは14.4倍であり，それよりも東レは高い。

③　配当利回り

$$旭化成：\frac{34円（1株当たり年間配当金）}{1,148.50円（株価）} \times 100 = 2.96\%$$

$$東レ：\frac{16円}{819.20円} \times 100 = 1.95\%$$

　この比率も，投資家が株式を購入するか否かの指標となるが，旭化成の方が高い数値を示している。このことから，株主への利益還元の手段である「配当」という観点からは，旭化成に投資した方が高いリターンを期待できるといえる。

第5節　分析に基づく評価

　これまでの分析に基づき，旭化成と東レの状態を総合的に評価する。

　収益性から見ると，旭化成の方がよく，特に，基本形となるROAで大きな差があった。その原因を探して，損益計算書を見ると，売上高売上総利益率や売上高営業利益率・経常収益経常利益率において，すべて旭化成が東レよりも高い数値を示していた。これは，販売活動のみならず，財務管理能力も旭化成のほうが高かったということを示している。

　ただし，東レは売上高販売費及び一般管理費率に関しては旭化成より良かった。以下に掲げるように，実際の有価証券報告書から販売費及び一般管理費の内訳を比較すると，東レは人件費の金額が旭化成より少ないことが主な要因であることがわかった。したがって，スタッフの管理能力については東レの方が優れている面があることが示唆される。このように，財務諸表分析においては，財務諸表の各項目の内容を検討することも時によっては必要になる。しかし，あくまで比率との比較によって分析することが財務諸表分析の原則である。

販売費及び一般管理費に関する注記（20X1年度分のみ）

旭化成			東レ		
販売費及び一般管理費のうち主要な費目の金額は，次のとおりです。			販売費及び一般管理費の内訳は，次のとおりである。		
給与・賞与等	186,552	百万円	保管費及び運送費	36,417	百万円
研究開発費	62,924	百万円	給料手当及び賞与一時金	70,664	〃
運賃・保管料	41,353	百万円	賞与引当金繰入額	7,977	〃
			退職給付費用	4,562	〃
			賃借料	12,349	〃
			旅費及び通信費	12,221	〃
			減価償却費	6,485	〃
			研究開発費	65,226	〃
			その他	95,992	〃
			計	311,893	百万円

　また，東レの収益性が相対的に低い原因を検討するため，収益性を回転率と利益率に分けた結果，利益率が相対的に低いことが判明した。したがって，ROAの差は，商品の値入率もしくは原価低減能力に起因すると推察できる[15]。一方，東レは回転率が若干高いので，トータルの利益率（すなわちROA）を高めるため，資産の効率的利用を目指していると推測できる。このように，財務諸表分析による比較を行うことで，その企業の経営姿勢が推論できる。

　さらにROEを各構成要素に分解したところ，東レは財務レバレッジが高いことで，ROEが押し上げられていることがわかった。逆に旭化成は，多くの株主資本を計上しているが，それに見合う多額の利益を計上していた。

　安全性の面に目を向けると，流動比率など短期の安全性は東レの方が，負債比率など長期の安全性は旭化成の方が相対的に良かった。この場合にも，財務諸表により，具体的な負債および資産の内容を見ていくことが求められる。

　なお，安全性については，キャッシュ・フロー計算書が導入されたことにより，流動負債営業キャッシュ・フロー比率などのように，資金の流れの面でも見ることができるようになった。また，最近の動向として，株主の権利が強くなり，配当金の支払いを積極的に要求する傾向が見受けられる。この場合，その資金的手当てがあるかどうかを判断するために，当期純利益キャッシュ・フロー比率を見ることも必要になってきている。ここでも，キャッシュ・フロー計算書を利用できる。

　具体的には，キャッシュ・フロー関連の多くの指標で，旭化成が東レを上回っていた。一方の東レは，当期純利益キャッシュ・フロー比率が高い値を示していることから，損益計算書の数値に対する資金的な裏付けがあることが判明した。

　以上，収益性および安全性の分析により，旭化成のほうが良好な企業であると言える。ただし，最終的な判断は業界全体の中で行わなければならない。

　企業価値分析からは，特にPERに目を向けると，東レの方が市場から高く評価されていることがわかった。収益性に劣る東レの方がなぜ株価が高いのかについては，次章で検討する。

　ここで行った比較分析は，一定時点の分析である。より詳細に比較・評価するには，趨勢的に会計数値を見ることが必要となる[16]。

（注）

1　財務省ホームページ「国債金利情報」https://www.mof.go.jp/jgbs/reference/interest_rate/。

2　分子には，事業利益に税金を足し戻したEBIT（Earnings Before Interest and Taxes）が用いられることもある。

3　日本経済新聞社が提供するデータベース，「日経バリューサーチ」によると，2018年度の紡績・繊維業の平均ROAは5.55％である。なお，対象は国内上場企業および有価証券報告書提出企業である。

4　「日経バリューサーチ」によると，2018年度の紡績・繊維業の平均売上高利益率は4.14％である。

5　「日経バリューサーチ」によると，2018年度の紡績・繊維業の平均売上高営業利益率は6.73％である。

6　「日経バリューサーチ」によると，2018年度の紡績・繊維業の平均売上高経常利益率は6.65％である。

7　「日経バリューサーチ」によると，2018年度の紡績・繊維業の平均総資産回転率は0.84回である。

8　「日経バリューサーチ」によると，2018年度の紡績・繊維業の平均ROEは8.55％である。

9　「日経バリューサーチ」によると，2018年度の紡績・繊維業の平均配当性向は34.30％である。

10　利益がマイナスでも配当を行うケースがある。この理由として，一期間の利益額に変動があっても，できる限り配当を一定に維持しようとする配当政策をわが国が採用している傾向にあることが挙げられる。ただし，固定化するのは配当性向ではなく，１株当たり配当金だといわれている。また，近年はこの政策を採用する企業の割合は低下し，代わりに増復配企業の割合が増加している（石川博行『配当政策の実証分析』中央経済社，2010年）。

11　「日経バリューサーチ」によると，2018年度の紡績・繊維業の平均流動比率は142.52％である。ただし，日経バリューサーチにて旭化成が属するもう１つの業種である総合化学の平均は154.35％なので，それよりは若干下回る。

12　「日経バリューサーチ」によると，2018年度の紡績・繊維業の平均負債比率は141.73％である。

13　「日経バリューサーチ」によると，2018年度の紡績・繊維業の平均インタレストカバレッジは16.64倍である。

14　日本取引所グループホームページ「その他統計資料」https://www.jpx.co.jp/markets/statistics-equities/misc/04.html。

15　ただし，東レは繊維事業が売上高の約４割を占めるのに対し，旭化成は繊維以外にも苛性ソーダ，合成ゴムなどさまざまな素材を収益源としているので，扱っている素材の違いが利益率の差異に影響している可能性も考えられる。これについては財務諸表分析の領域を超える。

16　本章および第９章の分析の実践は，『全商　会計実務検定試験テキスト　財務諸表分析』（新田忠誓編・木村晃久・中村亮介他，実教出版）に基づいている。時代によって変化する会計基準に対応させるため，同書はこれまで10回もの改訂を重ねているが，実践のパートについてもそのたびに対象企業を選定し直している。これまでに信越化学工業と三井化学，ケーズホールディングスとビックカメラ，イオンとセブンアンドアイホールディングス，KDDIとソフトバンク，サイゼリヤと王将フードサービス，ニトリと良品計画の比較分析を行っているので，参照されたい。

第9章

趨勢分析
——東レのケース——

Summary　時系列で分析を行う方法を趨勢分析という。当期の企業の状況を判断するためには，当期だけでなく，どのような過程を踏んできたのかという過去の経緯もみなければならない。ただし，最終的には，第8章の企業間比較分析と併せて，体系的に分析を行うことが重要である。

第1節　財務諸表の提示

　第8章では，東レと旭化成の財務諸表をもとに企業間比較分析を行ったが，本章では，収益性の評価の低かった東レの趨勢分析を行う。

　そのために，第×期の前期である第○期（20X0年4月1日から20X1年3月31日まで）の財務諸表（107ページ〜109ページ）を使って，時系列の変化をみていく。

　また，分析のために平均値を要求するものもあるので，20X0年3月31日の貸借対照表を次ページに示す。

連結貸借対照表——東レ㈱

20X0年3月31日

(単位：百万円)

資産の部		負債の部	
流動資産		流動負債	
現金及び預金	143,111	支払手形及び買掛金	229,192
受取手形及び売掛金	426,122	短期借入金	132,014
商品及び製品	235,127	1年内返済予定の長期借入金	110,234
仕掛品	78,646	コマーシャル・ペーパー	19,000
原材料及び貯蔵品	95,559	1年内償還予定の社債	－
その他	63,911	未払法人税等	18,560
貸倒引当金	△ 2,205	賞与引当金	20,438
流動資産合計	1,040,271	役員賞与引当金	156
固定資産		その他	140,382
有形固定資産		流動負債合計	669,976
建物及び構築物	602,423	固定負債	
減価償却累計額	△ 344,316	社債	140,000
建物及び構築物（純額）	258,107	長期借入金	310,757
機械装置及び運搬具	1,859,050	繰延税金負債	43,320
減価償却累計額	△ 1,449,784	役員退職慰労引当金	1,253
機械装置及び運搬具（純額）	409,266	退職給付に係る負債	103,459
土地	79,831	その他	27,844
建設仮勘定	107,562	固定負債合計	626,633
その他	111,307	負債合計	1,296,609
減価償却累計額	△ 84,639	純資産の部	
その他（純額）	26,668	株主資本	
有形固定資産合計	881,434	資本金	147,873
無形固定資産		資本剰余金	121,091
のれん	45,779	利益剰余金	691,290
その他	31,516	自己株式	△ 20,822
無形固定資産合計	77,295	株主資本合計	939,432
投資その他の資産		その他の包括利益累計額	
投資有価証券	200,144	その他有価証券評価差額金	66,513
長期貸付金	1,566	繰延ヘッジ損益	21
繰延税金資産	39,951	為替換算調整勘定	13,764
退職給付に係る資産	28,322	退職給付に係る調整累計額	1,542
その他	51,065	その他の包括利益累計額合計	81,840
貸倒引当金	△ 3,263	新株予約権	1,205
投資その他の資産合計	397,785	非支配株主持分	77,699
固定資産合計	1,356,514	純資産合計	1,100,176
資産合計	2,396,785	負債純資産合計	2,396,785

第 2 節　収益性の分析

① 企業の立場からの分析

⑴　資産利益率

①　総資産当期純利益率（ROA）

$$第○期：\frac{103,180（当期純利益）}{(2,396,785（期首総資産）+2,575,910（期末総資産))÷2}×100=4.15\%$$

$$第×期：\frac{87,788}{(2,575,910+2,788,351)÷2}×100=3.27\%$$

　第○期から第×期にかけて，悪化している。計算要素を見ると，分子の当期純利益の減少によるところが大きい。これをさらに詳細に見るために，利益の構成要素を分解して分析していく必要がある。なお，前の分析に基づき，利払前の当期純利益率も確認しておく。

＜追補①‐1＞　総資産利払前当期純利益率

$$第○期：\frac{103,180（当期純利益）+5,091（支払利息）}{(2,396,785（期首総資産）+2,575,910（期末総資産))÷2}×100=4.35\%$$

$$第×期：\frac{87,788+7,161}{(2,575,910+2,788,351)÷2}×100=3.54\%$$

借入れによる利子を総資産の運用成果であると考えても，第×期の方が悪い。

＜追補①‐2＞　総資産利払前包括利益率

$$第○期：\frac{105,328（包括利益）+5,091（支払利息）}{(2,396,785（期首総資産）+2,575,910（期末総資産))÷2}×100=4.44\%$$

$$第×期：\frac{72,576+7,161}{(2,575,910+2,788,351)÷2}×100=2.97\%$$

　分子を当期純利益から包括利益に代えても，これまでと同様に第×期の方が低い。この原因を探るため，連結包括利益計算書をみると，第×期はプラスであったその他有価証券評価差額金が大きくマイナスとなっていることが主要因であることがわかる。つまり，株安という外部の影響も受けて，第×期に業績を落としたと考えられる。

② 総資産経常利益率

$$
第○期：\frac{152,305（経常利益）}{(2,396,785（期首総資産）+2,575,910（期末総資産))\div 2}\times 100=6.13\%
$$

$$
第×期：\frac{134,518}{(2,575,910+2,788,351)\div 2}\times 100=5.02\%
$$

当期の企業活動の成果から見ても，第×期の数値は悪くなっている。また，前章と同様，総資産事業利益率も確認しておく。

③ 総資産事業利益率

$$
第○期：\frac{152,305（経常利益）+5,091（支払利息）}{(2,396,785（期首総資産）+2,575,910（期末総資産))\div 2}\times 100=6.33\%
$$

$$
第×期：\frac{134,518+7,161}{(2,575,910+2,788,351)\div 2}\times 100=5.28\%
$$

④ 使用資産事業利益率

$$
第○期：\frac{152,305（経常利益）+5,091（支払利息）}{(2,289,223（期首使用資産）+2,455,396（期末使用資産))\div 2}\times 100=6.63\%
$$

※期末使用資産2,455,396＝期末総資産2,575,910－建設仮勘定120,514

$$
第×期：\frac{134,518+7,161}{(2,455,396+2,644,504)\div 2}\times 100=5.56\%
$$

総資産から，営業の用に供していない資産（建設仮勘定）を差し引いた使用資産と経常利益との比率を見ても，第×期の方が低くなっている。

⑤ 営業資産営業利益率

$$
第○期：\frac{156,464（営業利益）}{(1,891,438（期首営業資産）+2,002,187（期末営業資産))\div 2}\times 100=8.04\%
$$

※期末営業資産2,002,187＝期末総資産2,575,910－建設仮勘定120,514－投資その他の資産 453,209

$$
第×期：\frac{141,469}{(2,002,187+2,215,607)\div 2}\times 100=6.71\%
$$

これも，第×期の方が下回っている。ということは，ROAの悪化は，本業の部分の努力にも原因がある可能性が高いことが推察される。

⑥　資産利益率（ROA）の分解

	ROA	I	II
第○期	4.15%	4.63%	0.90回
第×期	3.27%	3.61%	0.91回

　ここでも，第8章で行ったように，第○期と第×期のROAを総収益当期純利益率（I）と，総資産回転率（II）に分解する。比較すると，特に総収益当期純利益率（I）が大きく減少していることがわかる。

(2)　利益対収益比率および費用対収益比率

①　総収益当期純利益率

$$第○期： \frac{103,180（当期純利益）}{2,228,455（総収益）} \times 100 = 4.63\%$$

$$※総収益2,228,455 = 売上高2,204,858 + 営業外収益19,050 + 特別利益4,547$$

$$第×期： \frac{87,788}{2,433,087} \times 100 = 3.61\%$$

　すでに確認した通り，第×期の方が低い。そこで特別損益項目をみてみると，第×期に多額の特別損失を計上しているが，それをカバーするように有形固定資産売却益を認識しているため，利益率悪化の原因は一時的な損益にあるということはできない。

　そこで，本業による業績の動向を探るため，さらに分析を進める。

②　売上高売上総利益率

$$第○期： \frac{456,841（売上総利益）}{2,204,858（売上高）} \times 100 = 20.72\%$$

$$第×期： \frac{453,362}{2,388,848} \times 100 = 18.98\%$$

　利益率低下の原因を，利幅の大きい製品を扱ったかどうかという観点から見てみると，第×期に低下している。実数で見ると，分母の売上高が増加したにもかかわらず，分子の売上総利益は減少している。ということは，利益水準の悪化は製品の利幅の減少に起因したと言える。

③　売上高売上原価率

$$第○期：\frac{1,748,017（売上原価）}{2,204,858（売上高）}\times 100 = 79.28\%$$

$$第×期：\frac{1,935,486}{2,388,848}\times 100 = 81.02\%$$

　次に，生産性が上がったかどうかを売上高売上原価率で確認すると，第×期に悪化している。つまり，利幅の減少，生産性の低下があいまって，利益水準の悪化の原因となったとも言える。

④　売上高営業利益率

$$第○期：\frac{156,464（営業利益）}{2,204,858（売上高）}\times 100 = 7.10\%$$

$$第×期：\frac{141,469}{2,388,848}\times 100 = 5.92\%$$

　売上高営業利益率は，これまでの2つの比率と同様，第×期に悪化している。この原因が，販売費及び一般管理費のマネジメントによるものかどうかを知るために，次の売上高販売費及び一般管理費率を見なければならない。

⑤　売上高販売費及び一般管理費率

$$第○期：\frac{300,377（販売費及び一般管理費）}{2,204,858（売上高）}\times 100 = 13.62\%$$

$$第×期：\frac{311,893}{2,388,848}\times 100 = 13.06\%$$

　この比率は第×期に改善している。したがって，第×期の売上高営業利益率の低下は，販売費や一般管理費のマネジメントというよりも製品の利幅の減少（あるいは原価上昇）による影響が大きかったことがわかる。

⑥　経常収益経常利益率

$$第○期：\frac{152,305（経常利益）}{2,223,908（経常収益）}\times 100 = 6.85\%$$

$$※経常収益2,223,908 = 売上高2,204,858 + 営業外収益19,050$$

$$第×期：\frac{134,518}{2,410,745}\times 100 = 5.58\%$$

　さらに，ROA低下の1つの原因として，営業外収益の減少もしくは営業外費用の増加が予想さ

れる。そこで，経常収益経常利益率を計算すると，両者の関係は売上高営業利益率とあまり変わりない。ただし，営業外収益・費用を合計した値をみるとマイナス幅が増加しており（△4,159→△6,951），この原因として支払利息の増加があげられることには注意しなければならない。

さて，ここまでの分析で，第×期に収益性の指標が軒並み悪化している理由は，製品の利幅の減少（あるいは原価上昇）が主な要因であると結論づけることができる。

(3) 回 転 率

① 総資産回転率（総収益対総資産）

$$第○期：\frac{2,228,455（総収益）}{(2,396,785（期首総資産）+2,575,910（期末総資産))÷2}=0.90回$$

$$第×期：\frac{2,433,087}{(2,575,910+2,788,351)÷2}=0.91回$$

企業の総資産の回転率は，第×期がわずかに上回っている。これが営業活動によるものであるかどうかを確認するため，営業資産回転率を見てみる。

② 営業資産回転率（売上高対営業資産）

$$第○期：\frac{2,204,858（売上高）}{(1,891,438（期首営業資産）+2,002,187（期末営業資産))÷2}=1.13回$$

$$第×期：\frac{2,388,848}{(2,002,187+2,215,607)÷2}=1.13回$$

営業資産の回転は変わらない。ということは，ROAの悪化の原因は，本業の回転率というよりも利益率にあるということが確認できる。

③ 固定資産回転率（総収益対固定資産）

$$第○期：\frac{2,228,455（総収益）}{(1,356,514（期首固定資産）+1,448,885（期末固定資産))÷2}=1.59回$$

$$第×期：\frac{2,433,087}{(1,448,885+1,597,022)÷2}=1.60回$$

固定資産をどの程度効率的に運用したかも，前の例にならって確認しておく。これに関しては，わずかながら改善している。つまり，第×期の方が固定資産を効率的に使用していたことがわかる。

2 株主の立場からの分析

(1) 資本利益率

① 株主資本当期純利益率（ROE）

$$\text{第○期：} \frac{95{,}915 \text{（親会社株主に帰属する当期純利益）}}{(939{,}432 \text{（期首株主資本）} + 1{,}008{,}318 \text{（期末株主資本）}) \div 2} \times 100 = 9.85\%$$

$$\text{第×期：} \frac{79{,}373}{(1{,}008{,}318 + 1{,}062{,}538) \div 2} \times 100 = 7.67\%$$

ROAと同様，この利益率も悪化している。これは，株主にとって望ましいこととは言えない。

② 資本利益率（ROE）の分解

	ROE	Ⅰ	Ⅱ	Ⅲ
第○期	10.59%	4.63%	0.90回	2.55倍
第×期	8.48%	3.61%	0.91回	2.62倍

　ここで，第3章で示した，ROEを総収益当期純利益率（Ⅰ），総資産回転率（Ⅱ），財務レバレッジ（Ⅲ）の分解をここでも実践してみる。なお，前章と同じく，ROEの分子は当期純利益を用いているので，①の結果とは異なる。

　第×期に財務レバレッジ（Ⅲ）が上昇したにも関わらず，ROEは第○期よりも低い。ということは，損益計算書のみを用いた収益性の指標である総収益当期純利益率（Ⅰ）の低下がROE悪化の原因であると結論付けることができる。

(2) 配当性向と1株当たり当期純利益

① 配当性向

$$\text{第○期：} \frac{22{,}402 \text{（配当金）}}{95{,}915 \text{（親会社株主に帰属する当期純利益）}} \times 100 = 23.36\%$$

$$\text{第×期：} \frac{25{,}608}{79{,}373} \times 100 = 32.26\%$$

　配当性向は上昇した。これは，利益が減少したにも関わらず株主への還元を手厚くした（配当を増加させた）ことに起因している。ちなみに，株主資本等変動計算書を確認すると，いずれの期も利益剰余金を原資として配当を行っている。

②　1株当たり当期純利益（円）

$$第○期：\frac{95,915百万円（親会社株主に帰属する当期純利益）}{1,599.71百万株（期末発行済み株式総数）}＝59.96円$$

$$第×期：\frac{79,373百万円}{1,600.07百万株}＝49.61円$$

　そこで，株主にとっての1株当たりの利益を確認してみると，第×期の方が小さい。配当性向の結果を考慮すると，1株当たり利益が減少したにも関わらず，株主への還元を強化したと見ることができよう。

第3節　安全性の分析

 ## ストック（時点）の安全性

⑴　貸借対照表を用いた分析

⑴-1　短期の安全性

①　流動比率（銀行家比率）

$$第○期：\frac{1,127,025（流動資産）}{676,496（流動負債）}×100＝166.60\%$$

$$第×期：\frac{1,191,329}{696,493}×100＝171.05\%$$

　第×期にROAが低下したが，流動比率は上昇している。ただし，両期とも望ましいとされる200%を割っている。

②　当座比率（酸性試験比率）

$$第○期：\frac{628,613（当座資産）}{676,496（流動負債）}×100＝92.92\%$$

※当座資産628,613＝現金及び預金141,101＋受取手形及び売掛金489,549－貸倒引当金2,037

$$第×期：\frac{697,285}{696,493}×100＝100.11\%$$

　流動比率の改善の内容を，安全性の見地からさらに分析すると，この比率が上昇していることから，棚卸資産等の膨張ではなく，資金的裏付けのある当座資産の増加によるものであり，質的にも，より安全性が増したと言える。なお，第×期については，望ましい100％の水準もクリアしている。

③ 売上債権対仕入債務比率

$$第○期：\frac{487,512（売上債権）}{245,550（仕入債務）}\times100=198.54\%$$

$$※売上債権487,512＝受取手形及び売掛金489,549－貸倒引当金2,037$$

$$第×期：\frac{528,778}{240,554}\times100=219.82\%$$

　安全性が改善しているということは，取引先に関わるこの比率も改善していることが予想される。これをみると，仕入先よりも得意先への信用供与の方が大きくなったことがわかり，先ほどの当座比率の良化と整合している。

(1)-2　長期の安全性

① 総資産負債比率

$$第○期：\frac{1,406,722（負債）}{2,575,910（総資産）}\times100=54.61\%$$

$$第×期：\frac{1,574,407}{2,788,351}\times100=56.46\%$$

　安全性について，負債の割合を見てみる。これについては悪化している。ということは，長期の安全性については慎重に判断しなければならないことになる。

② 純資産負債比率（自己資本負債比率）

$$第○期：\frac{1,406,722（負債）}{1,169,188（純資産）}\times100=120.32\%$$

$$第×期：\frac{1,574,407}{1,213,944}\times100=129.69\%$$

　この比率も悪化している。実数を見れば，純資産は増加しているが，それを負債の増加分が上回っているためであることがわかる。このように，分析においては，実数の趨勢（負債：1,406,722→1,574,407 純資産：1,169,188→1,213,944）をみることも必要である。

③　デット・エクイティ・レシオ

$$第○期：\frac{812,796（有利子負債）}{1,008,318（株主資本）}×100＝80.61\%$$

※有利子負債812,796＝短期借入金 135,936＋1年内返済予定の長期借入金62,974＋コマーシャル・ペーパー46,000＋1年内償還予定の社債229＋社債241,264＋長期借入金326,393

$$第×期：\frac{972,422}{1,062,538}×100＝91.52\%$$

②の分子の負債のうち，有利子分のみを抽出したこの比率も，第×期に悪化している。ということは，第×期に債権者から大規模な資金調達を行ったことが推測できる。

④　負債純資産倍率（負債資本倍率）

$$第○期：\frac{1,169,188（純資産）}{1,406,722（負債）}＝0.83倍$$

$$第×期：\frac{1,213,944}{1,574,407}＝0.77倍$$

負債に対して，資本構成上の余裕がどれほどあるかという視点での計算結果も示しておく。

⑤　自己資本比率

$$第○期：\frac{1,090,695（自己資本）}{2,575,910（総資産）}×100＝42.34\%$$

※自己資本1,090,695＝純資産1,169,188－新株予約権1,334－非支配株主持分77,159

$$第×期：\frac{1,131,033}{2,788,351}×100＝40.56\%$$

金融商品取引法で記載が求められている自己資本比率も，負債による資金調達により総資産が増加したため，悪化していることが確認できる。

⑥　株主資本比率

$$第○期：\frac{1,008,318（株主資本）}{2,575,910（総資産）}×100＝39.14\%$$

$$第×期：\frac{1,062,538}{2,788,351}×100＝38.11\%$$

⑤の分子からその他の包括利益累計額を除いた，より厳密な意味での自己資本比率であるこの比率も示しておく。

⑦　純資産固定負債比率

$$第○期：\frac{730,226（固定負債）}{1,169,188（純資産）}\times100=62.46\%$$

$$第×期：\frac{877,914}{1,213,944}\times100=72.32\%$$

　この比率も第×期に悪化している。これまでの分析による限り，負債の増加と総資産の増加が観察できるため，債権者からの借入れにより，設備などの資産を増強した可能性を考慮する必要がある。

⑧　固定長期適合率

$$第○期：\frac{1,448,885（固定資産）}{1,169,188（純資産）+730,226（固定負債）}\times100=76.28\%$$

$$第×期：\frac{1,597,022}{1,213,944+877,914}\times100=76.34\%$$

　固定長期適合率をみると，ほとんど差異はみられない。そこで，分子の固定資産から「投資その他の資産」を除き，本業に関連する固定資産とその調達源泉の関係について，以下の⑧-1で検討する。

＜追補⑧-1＞　固定長期適合率

$$第○期：\frac{927,029（有形固定資産）+68,647（無形固定資産）}{1,008,318（株主資本）+730,226（固定負債）}\times100=57.27\%$$

$$第×期：\frac{996,876+171,249}{1,062,538+877,914}\times100=60.20\%$$

　これを計算してみると，悪化している。ただし，いずれの期も目安となる100％を下回っていることから，固定資産の取得にかかる資金を，長期安定的な源泉である株主資本や固定負債により賄っていると考えられる。

⑨　純資産固定資産比率（固定比率）

$$第○期：\frac{1,448,885（固定資産）}{1,169,188（純資産）}\times100=123.92\%$$

$$第×期：\frac{1,597,022}{1,213,944}\times100=131.56\%$$

　固定長期適合率の計算式の分母において，固定負債を除いた額と固定資産の比率を求めるこの指

標の結果も示しておく。これも，第×期に悪化している。

(2) キャッシュ・フロー計算書も用いた分析

① フリー・キャッシュ・フロー

> 第○期：129,180（営業活動によるキャッシュ・フロー）＋△186,685（投資活動によるキャッ
> シュ・フロー）＝△57,505
> 第×期：176,239＋（△260,247）＝△84,008

　この指標は，いずれの期もマイナスである。これを絶対額で見ると，営業キャッシュ・フローが
増加している（129,180→176,239）ものの，投資活動によるキャッシュ・フローの増加分がそれを上回っ
ており（△186,685→△260,247），マイナス幅が増加している。
　返済義務のある負債に対するフリー・キャッシュ・フローの比率を見る指標の結果も，以下に示
しておく。

② 負債フリー・キャッシュ・フロー比率

> 第○期：$\dfrac{△57,505（フリー・キャッシュ・フロー）}{(1,296,609（期首負債）＋1,406,722（期末負債))÷2} \times 100 = △4.25\%$
>
> 第×期：$\dfrac{△84,008}{(1,406,722＋1,574,407)÷2} \times 100 = △5.64\%$

③ 流動負債営業キャッシュ・フロー比率

> 第○期：$\dfrac{129,180（営業活動によるキャッシュ・フロー）}{(669,976（期首流動負債）＋676,496（期末流動負債))÷2} \times 100 = 19.19\%$
>
> 第×期：$\dfrac{176,239}{(676,496＋696,493)÷2} \times 100 = 25.67\%$

　第×期の方が高い。この指標から，第×期の方が流動負債を営業活動によるキャッシュ・フロー
から返済できる能力が高く，キャッシュ・フローの観点からも安全性が高いと言える。

フロー（期間）の安全性

(1)　損益計算書を用いた分析

①　総収益支払利息比率

$$\text{第○期：} \frac{5,091\ （支払利息）}{2,228,455\ （総収益）} \times 100 = 0.23\%$$

$$\text{第×期：} \frac{7,161}{2,433,087} \times 100 = 0.29\%$$

　第×期と第○期ではほとんど変わらないが，支払利息の金額は大きくなっている。この結果と，負債比率が悪化したこととを総合すると，借入金を増加させたなど，財務面での活動が反映されたと考えることができる。

②　売上高支払利息比率

$$\text{第○期：} \frac{5,091\ （支払利息）}{2,204,858\ （売上高）} \times 100 = 0.23\%$$

$$\text{第×期：} \frac{7,161}{2,388,848} \times 100 = 0.30\%$$

　また，総収益支払利息比率の分母を修正した，売上高支払利息比率の結果も示しておく。

③　インタレスト・カバレッジ比率

$$\text{第○期：} \frac{\begin{array}{c}156,464\ （営業利益）+1,384\ （受取利息）+3,838\ （受取配当金）\\+9,221\ （持分法による投資利益）\end{array}}{5,091\ （支払利息）} = 33.57\text{倍}$$

$$\text{第×期：} \frac{141,469 + 2,294 + 4,589 + 9,619}{7,161} = 22.06\text{倍}$$

　この比率は，第×期に悪化しており，①②と整合的な結果となっている。なお，期間の指標であるインタレスト・カバレッジ比率は，企業の支払能力に変化が生じた場合に，流動比率や負債比率等など，時点の指標よりも，よりタイムリーにそれを把握できるという特性をもっている。

＜追補③−1＞　インタレスト・カバレッジ比率（キャッシュ・フローベース）

$$第○期：\frac{129,180（営業活動によるキャッシュ・フロー）+5,052（利息の支払額）+34,340（法人税等の支払額）}{5,052（利息の支払額）}=33.37倍$$

$$第×期：\frac{176,239+7,098+42,572}{7,098}=31.83倍$$

　また，直接的に利子支払能力を反映しているキャッシュ・フロー計算書の数値に置き換える方法による数値も提示しておく。

(2)　貸借対照表も用いた分析

①　仕入債務回転率（仕入債務売上原価比率）

$$第○期：\frac{1,748,017（売上原価）}{(229,192（期首仕入債務）+245,550（期末仕入債務））÷2}=7.36回$$

$$第×期：\frac{1,935,486}{(245,550+240,554)÷2}=7.96回$$

　仕入債務回転率は増加している。これにより，債務の管理体制が良化の傾向にあると評価できる。

②　売上債権回転率（売上債権売上高比率）

$$第○期：\frac{2,204,858（売上高）}{(423,917（期首売上債権）+487,512（期末売上債権））÷2}=4.84回$$

$$第×期：\frac{2,388,848}{(487,512+528,778)÷2}=4.70回$$

　第×期において比率が悪化したことは，第○期の方が債権回収が円滑に行われていたということを意味している。

③　棚卸資産回転率（棚卸資産売上高比率または棚卸資産売上原価比率）

$$第○期：\frac{2,204,858（売上高）}{(409,332（期首棚卸資産）+439,673（期末棚卸資産））÷2}=5.19回$$

※期末棚卸資産439,673＝商品及び製品248,513＋仕掛品92,501＋原材料及び貯蔵品98,659

$$第×期：\frac{2,388,848}{(439,673+419,527)÷2}=5.56回$$

　この比率はわずかに増加している。実数で見ると，第×期に棚卸資産が減少した（439,673→419,527）ことがわかり，そのため回転率が良化したものと考えられる。

(3)　キャッシュ・フロー計算書も用いた分析

①　売上高営業キャッシュ・フロー比率

$$第○期：\frac{129,180（営業活動によるキャッシュ・フロー）}{2,204,858（売上高）}×100＝5.86\%$$

$$第×期：\frac{176,239}{2,388,848}×100＝7.38\%$$

　この比率は，第×期の方が高い。これは，第×期において売上高から自由にできる資金が増加し，安全度が増したということを表している。

②　当期純利益対キャッシュ・フロー比率

$$第○期：\frac{2,344（キャッシュ・フロー）}{103,180（当期純利益）}×100＝2.27\%$$

$$第×期：\frac{34,556}{87,788}×100＝39.36\%$$

　当期純利益のうち，どの程度資金的な裏付けがあるのかを検討すると，第×期の方が高い。したがって，当期のキャッシュ・フローの分配可能性という意味では，良化したと言える。

第4節　企業価値の分析

①　PBR（株価純資産倍率）

$$第○期：\frac{874.00円（株価）}{681.92百万円（1株当たり純資産）}＝1.28倍$$

$$第×期：\frac{819.20円}{706.95円}＝1.16倍$$

　分母の1株当たり純資産は第×期の方が大きいが，株価は下落しているため，この指標は第×期の方が低い。また，いずれの期もベンチマークとなる1倍を上回っている。

② **PER（株価収益率）**

$$第○期：\frac{874.00円（株価）}{59.96円（1株当たり当期純利益）}=14.58倍$$

$$第×期：\frac{819.20円}{49.61円}=16.51倍$$

　1株当たり当期純利益が第×期に減少したのに応じて，株価も下落しているが，利益の減少割合よりも下落割合が小さいので，その分だけPERは上昇している。また，証券取引所一部の加重平均PERは，第○期が15.2倍なのに対し，第×期は14.4倍と低下している。

　以上から，市場が収益性の低下をそれほど悪いニュースとして捉えていない（もしくは既に織り込んでいた）がゆえに，市場全体の動向に反してPERが上昇した可能性がある。

③ **配当利回り**

$$第○期：\frac{15円（1株当たり年間配当金）}{874.00円（株価）}\times100=1.72\%$$

$$第×期：\frac{16円}{819.20円}\times100=1.95\%$$

　この指標は第×期の方がよい。つまり，投資家が東レの株を持ち続けることから得られる（配当に関する）リターンは，第×期の方が多いといえるだろう。

第5節　財務諸表分析に基づく評価

　第○期と第×期の収益性と安全性の主な指標をみてきた。

　収益性について，ROAや営業資産営業利益率など，貸借対照表と損益計算書を用いた指標は軒並み第×期に悪化している。

　そこで原因を探して，回転率と利益率に分けてみた結果，損益計算書のみを用いた利益率の悪化が要因であることがわかった。すなわち理由としては，利幅の減少（ないしは原価率の悪化）によってROAが低下したということができる。また，総資産利払前包括利益率を検討したところ，株安という外部の影響も，第×期の業績悪化の原因の1つということも判明した。

　一方，安全性の見地からは，流動比率や当座比率などの短期の安全性に関する指標は改善していた。これに対して，総資産負債比率や固定長期適合率などの長期の安全性に関する指標は悪化した。これは，長期借入金や社債による資金調達を行った結果と推測できる。ただし，固定長期適合率のベンチマークである100%は大きく下回っているので，大きな問題は生じていない。

　キャッシュ・フロー計算書を使った分析では，営業活動によるキャッシュ・フローを利用した指標は改善傾向にあるものの，フリー・キャッシュ・フローはマイナスであった。このことから，設

備投資によって発生したキャッシュ・アウトを，負債による資金調達から得たキャッシュ・インで
賄っている可能性があることがわかった。

　このように，収益性・安全性の分析からは，総じて第×期に悪化したとみることができるが，
PERを見てみるとむしろ上昇しているので，市場はそれほど悪いニュースと捉えていないとも考え
ることができる。

　この原因として分析の結果からは，①第8章でも触れたように，将来の展開にむけての整理に基
づく特別損失が多額に計上されていることを考慮すると，次期以降の収益力の回復が期待されたこ
と，②フリー・キャッシュ・フローは，第×期にかけてマイナス幅が増加しているが，それは投資
活動によるキャッシュ・フローの増加によるもので，将来に向けての積極的な投資が評価されたこ
と，③棚卸資産の額が減少しているにも関わらず売上が成長しているので，在庫管理能力の改善が
評価されたこと，④配当の増加を将来業績の回復のシグナルと捉えられたことなどが挙げられよう。

　したがって，旭化成と比較するとやや見劣りしていた東レであるが，以上のことを考慮すると，
本業の業績は低下しているものの，次期以降に収益力が回復する可能性がある。

付　録	財務諸表分析の実践練習問題

財務諸表分析の実践練習問題

そもそも財務諸表分析は'分析'作業つまり指標を計算する'作業'が欠かせない。すなわち，財務諸表分析の技能の習得のためには，問題を解く作業が必要となる。そこで，「一般社団法人資格教育推進機構」（https://qepo.or.jp/　TEL 03-4500-4605　Fax 03-3294-9595）が主催する財務諸表分析（「決算書アナリスト試験」）の問題を掲載しておく。この検定においては，実在の企業の財務諸表を扱っている（第2問）。また，いわゆる経営管理能力の判定（経営分析）のみならず，投資能力の判定（第4問，本書，第7章）も行っている。

読者諸賢には，試みてみることをお奨めする。

なお，「決算書アナリスト試験」の合格者には，和文・英文同時表記の合格証書が発行される。およそ70点が合格ラインである（100点満点）。

第1問　次の1.から10.の文章について，正しいものには「○」，誤っているものには「×」を解答
欄に記入しなさい。

1．当期純利益1億円の企業と2億円の企業を比較し，1億円の企業経営者の方が良い業績を上
げたと言うためには，比率分析（関係比率分析）の手法によれば良い。

2．使用資産経常利益率の使用資産の計算において，新製品の製造を目指して製作中の機械を含
む建設仮勘定を排除してはならない。

3．営業資産営業利益率の営業利益の計算において，営業上必要な運転資金の借入れ費用つまり
支払利息も含まれる。

4．コンビニにおいて，売上高営業利益率が低くなったつまり悪化した場合，アルバイト店員の
時給を高くし待遇を良くしたことも原因の一つになる。

5．固定長期適合率は，固定資産が安全な資金源泉から得られているかを見る指標であり，パー
セントで示され，高い方が安全性は高いと診断される。

6．固定資産回転率の総収益の計算においては，貿易摩擦により操業停止に陥った工場用地の売
却益など特別利益は排除しなければならない。

7．流動比率（銀行家比率）が変わらないにも関わらず，当座比率（酸性試験比率）が悪化し
たとき，営業上欠かせない棚卸資産の増加が原因の一つになる。

8．我が国において企業経営に求められているROE（株主資本当期純利益率）8％を達成する
ためには，日銀の低金利政策の下では，資本の構成を変え，純資産負債比率を悪化させること
によっても可能となる。

　［注］ROE 8％達成目標はいわゆる「伊藤レポート」により求められるようになった。

9．安定配当（1株当たり配当金を一定額に固定化する）政策を採っている企業において，当年
度の当期純利益が前年度より悪くなると，配当性向は前年度に較べ高くなる。

10．フリー・キャッシュ・フロー（FCF）は，営業活動によるキャッシュ・フローと財務活動
によるキャッシュ・フローを加算（合計）した値であり，将来の利益獲得のための投資活動に
自由に向けられる資金の金額を示している。

第2問

　O社について，20X0年度末（前期末）に経営陣が一新され，新経営陣が，近年伸びている同業
他社のビジネススタイル（経営政策）を意識し，そのスタイルを大きく変えた結果，企業業績が低
迷し始めたとのニュース報道がなされている。これに対し，新経営陣は，企業業績の根幹をなす売
上高は昨年度に比べ，およそ1.1倍，増加していると主張し反論している。これに興味を持ったあ
なたは，O社の実際の財務諸表を入手し，財務指標にどのような変化が起きたのかを分析し，新経
営陣が変化させたビジネススタイルを評価することにした。

　なお，解答を円滑に導くために，当期末のＯ社の財務諸表の実際の数値の一部に微調整を加えている。

〈資料〉に示した財務諸表（Ｏ株式会社：製造小売業）により，次の**問1**から**問3**に答えなさい。
　会計期間は1年間であり，当期は20X1年4月1日に始まり20X2年3月31日に終了する1年間である。

（注意事項）
　1．各指標について，数値は算出結果のみを解答すること（計算式は不要）。
　2．答は，最終数値の小数点第2位を四捨五入し，第1位までを解答すること。
　　例えば，9.44％の場合は，「9.4％」，7.46回の場合は「7.5回」と解答する。
　3．マイナスの場合には，数値の前に「△」をつけること。例えば，マイナス9.5％の場合には，「△9.5％」と解答する。

問1　分析の手始めとして，Ｏ社の全社的なもうけ度の変化を把握するため，前期および当期の総資産当期純利益率（ROA）を計算した。各指標の値を求めなさい。

問2　ROAをみると，報道のとおり，指標は悪化（低下）していることが確認できた。続けて，ROAに変化をもたらした原因が何であるのかについて，総収益当期純利益率（利益率）と総資産回転率（回転率）に分解し分析することとした。それぞれの指標を求めなさい。
　　　①　総収益当期純利益率
　　　②　総資産回転率

問3　上の分析の結果，利益率は悪化していることがわかった。これは，ビジネススタイルの変更による結果を示すものといえるが，さらに，新経営陣の言う肝心の企業業績の根幹をなす営業活動を詳しく分析する必要がある。そこで，前期と当期の①売上高売上総利益率（利益率）および②棚卸資産（商品）回転率（回転率）を計算しなさい。
　　また，Ｏ社が新たに採用したビジネススタイルと，その成果が上げられなかった理由を説明した文章中，A，Bの（　　）にあてはまる語句として適当な記号を選択し○で囲みなさい。なお，Ｏ社（旧経営陣）は伝統的に高付加価値商品を販売する経営姿勢（老舗デパートなどのビジネススタイルを意識し，対面販売による高価格の商品を販売するスタイル）を採ってきたことでも有名であった。

採用したビジネススタイルとその成果が上げられなかった理由	新たにA（ア．高付加価値・イ．薄利多売）のビジネススタイルを採用したが，このスタイル成功の要素であるB（ア．利益率の低下を補うだけの回転率を上げられなかったため・イ．回転率の低下を補うだけの利益率を上げられなかったため），業績アップにつながらなかった。

〈資料〉

O社の要約貸借対照表

(単位：千円)

	前連結会計年度 (20X1年3月31日)	当連結会計年度 (20X2年3月31日)		前連結会計年度 (20X1年3月31日)	当連結会計年度 (20X2年3月31日)
資産の部			負債の部		
流動資産			流動負債		
現金及び預金	28,826	20,140	支払手形及び買掛金	42,202	28,540
受取手形及び売掛金	36,704	25,600	電子記録債務	15,616	16,500
有価証券	1,260	100	短期借入金	615	200
商品	12,119	6,520	1年内返済予定の長期借入金	1,680	1,418
その他	11,441	7,845	未払金	6,971	3,320
貸倒引当金	△ 185	△ 186	未払法人税等	2,142	1,709
流動資産合計	90,165	60,019	賞与引当金	302	145
固定資産			販売促進引当金	443	484
有形固定資産			返品調整引当金	20	28
建物及び構築物	19,885	25,100	資産除去債務	68	126
減価償却累計額	△ 3,484	△ 4,293	その他	2,298	2,651
建物及び構築物(純額)	16,401	20,807	流動負債合計	72,357	55,121
機械装置及び運搬具	5,186	6,850	固定負債		
減価償却累計額	△ 2,126	△ 2,569	長期借入金	5,070	1,780
機械装置及び運搬具(純額)	3,060	4,281	退職給付にかかる負債	2,304	2,832
土地	6,543	8,563	リース債務	6,495	4,591
リース資産	8,922	7,101	賞与引当金	107	60
減価償却累計額	△ 1,980	△ 2,038	役員賞与引当金	88	2
リース資産(純額)	6,942	5,063	火災損失引当金	2	52
その他	3,382	3,443	資産除去債務	1,237	1,470
減価償却累計額	△ 2,435	△ 2,599	その他	639	690
その他(純額)	947	844	固定負債合計	15,942	11,477
建設仮勘定	215	3,256	負債合計	88,299	66,598
有形固定資産合計	34,108	42,814	純資産の部		
無形固定資産			株主資本		
ソフトウェア	3,976	4,430	資本金	21,200	21,150
ソフトウェア仮勘定	562	901	資本剰余金	23,680	27,383
のれん	3,519	2,812	利益剰余金	19,377	16,412
その他	10	11	自己株式	△ 13,079	△ 9,885
無形固定資産合計	8,067	8,154	株主資本合計	51,178	55,060
投資その他の資産			その他の包括利益累計額		
投資有価証券	1,639	2,499	その他有価証券評価差額金	1	2
長期前払費用	184	173	繰延ヘッジ損益	△ 19	△ 2
差入保証金	3,706	4,324	為替換算調整勘定	26	25
繰延税金資産	1,668	3,790	退職給付にかかる調整累計額	△ 89	△ 74
その他	123	84	その他の包括利益累計額合計	△ 81	△ 49
貸倒引当金	△ 120	△ 77	新株予約権	25	17
投資その他の資産合計	7,200	10,793	非支配株主持分	119	154
固定資産合計	49,375	61,761	純資産合計	51,241	55,182
資産合計	139,540	121,780	負債純資産合計	139,540	121,780

関連資料：前々期末時点(20X0年3月31日)における総資産の金額は150,200千円，商品の金額は13,150千円であった。

O社の要約損益計算書

（単位：千円）

	前連結会計年度 （自20X0年4月1日至20X1年3月31日）	当連結会計年度 （自20X1年4月1日至20X2年3月31日）
売上高	320,025	352,028
売上原価	240,630	298,520
売上総利益	79,395	53,508
販売費及び一般管理費	61,810	43,200
営業利益	17,585	10,308
営業外収益		
受取利息	54	29
売電収入	31	46
棚卸資産処分益	7	15
助成金収入	11	14
補助金収入	102	32
その他	32	50
営業外収益合計	237	186
営業外費用		
支払利息	85	108
売電費用	33	36
支払手数料	32	11
その他	54	42
営業外費用合計	204	197
経常利益	17,618	10,297
特別利益		
投資有価証券売却益	292	50
債務免除益	66	2
新株予約権戻入益	55	63
その他	50	61
特別利益合計	463	176
特別損失		
減損損失	30	2
固定資産圧縮損	875	13
固定資産除却損	167	35
投資有価証券評価損	43	563
その他	18	326
特別損失合計	1,133	939
税金等調整前当期純利益	16,948	9,534
法人税，住民税及び事業税	3,334	3,060
法人税等調整額	54	△1,940
法人税等合計	3,388	1,120
当期純利益	13,560	8,414
非支配株主に帰属する当期純利益	34	34
親会社株主に帰属する当期純利益	13,526	8,380

第3問

　Aさんとβさんは，製造業であるＺ社の経営コンサルタントをしている。次の二人の会話について，**問1**から**問3**に答えなさい。なお，会話に関係するＺ社の財務データは〈**資料**〉に示す通りである。

（注意事項）

1．指標について，数値は算出結果のみを解答すること（計算式は不要）。

2．答は，小数点が出ない場合には，そのまま答え，小数点が出た場合には，最終数値の小数点第2位を四捨五入し，第1位までを解答すること。例えば，算出結果が9.45％となった場合，「9.5％」，7.64回となった場合，「7.6回」と解答する。

〈**資料**〉　Ｚ社の財務データ　　　　　　　　　　　　　　　　　　　　　　　　　（単位：千円）

貸借対照表			
	20X0年度末	20X1年度末	20X2年度末
流動資産	800,200	800,000	800,500
売上債権	240,000	257,000	310,000
流動負債	328,000	341,000	339,500
仕入債務	75,500	78,400	61,000
損益計算書			
	20X1年度		20X2年度
売上高	2,125,000		2,240,000
売上原価	1,105,000		1,165,000
キャッシュ・フロー計算書			
営業活動によるキャッシュ・フロー	356,000		321,000

Aさん　「営業活動の資金繰りは，流動比率を始めとして企業全体の資金繰りの基礎になるので，今日は，Ｚ社の営業活動の資金繰りを診断してみましょう。まず，今年度（20X2年度）と前年度（20X1年度）の売上債権回転率は，どのような状態ですか。」

Bさん　「20X1年度の売上債権回転率は（　①　）回，20X2年度の売上債権回転率は（　②　）回です。売上高は伸びており，これは良い状態になっているのですが，営業上の資金繰りでは問題が生じていると言えますね。」

Aさん　「それでは，今度は，営業上の資金繰りの一方の側面である仕入債務回転率も分析してみましょうか。20X1年度の仕入債務回転率は（　③　）回，20X2年度は（　④　）回ですね。これをみると，決済はうまく行っているようで，問題はないようですね。」

Bさん　「そのようにも見ることができますが，しかし，売上債権回転率と仕入債務回転率の関係をみてみると，気になるところがあります。それは［　ア　］点です。この結果，支払能力に悪影響を及ぼしている可能性がありますね。」

Aさん　「それでは，流動比率を見てみましょう。20X1年度は（　⑤　）％，20X2年度は（　⑥　）％です。これを見る限り，問題にならないのではないでしょうか。」

Bさん　「確かに，会社全体の流動性には問題が無いと言えますね。ただ，今，見ているのは，営

業活動の資金繰りですよ。営業活動に焦点を絞った具体的な指標に着目する必要があります
よ。そこで，流動負債営業キャッシュ・フロー比率を計算してみました。20X1年度は
（　⑦　）％，20X2年度は（　⑧　）％となりました。指標は悪化していますね。」

Aさん　「確認ありがとう。この指標が100％を下回ったということは，財務活動や投資活動からの
キャッシュ・フローが［　イ　］の返済にあてられることを暗示してますね。この資金の
手当ては，仕入部門以外の部門が負担することになりましょう。仕入部門の部長には，材
料調達だけでなく，その資金繰りにも気を配る必要があることをアドバイスする必要があ
りますね。今度の経営会議で，コンサルタントとして，この点を指摘しましょうか。」

問1　対話の中にある①から⑧の値を計算しなさい。

問2　会話中の［　ア　］に当てはまる文章として適切なものの番号を記入しなさい。
　1．仕入債務の決済スピードが売上債権の回収スピードを上回っている
　2．仕入債務の決済スピードが売上債権の回収スピードを下回っている

問3　会話中の［　イ　］に当てはまる言葉として適切なものの番号を記入しなさい。
　1．仕入債務　　2．流動負債　　3．固定負債

第4問

　Pさんの孫であるあなたQは，これからの時代，長生きすると年金が危なくなるのではないかと
心配し，株式投資を考え始めたおじいちゃんPから株式投資の相談を受けた。次の会話の中に入る
［　ア　］から［　エ　］には適切な語句を下に示した語群から選び解答欄に書き入れ，（　①　）
から（　④　）には数値を計算し入れなさい。

語群	配当性向	株価収益率	配当利回り	株価純資産倍率

（解答にあたっての注意事項）
　1．指標について，数値は算出結果のみを解答すること（計算式は不要）。
　2．答は，最終数値の小数点第2位を四捨五入し，第1位までを解答すること。例えば，算出結果が
　　9.48％となった場合，「9.5％」，7.43回となった場合，「7.4回」と解答する。

〈資料〉

　S社の「…」の金額は，会話の中で計算した値を示しているので，株価を除いて示していない。

	S社	T社
株　価	1,395円	1,150円
1株当たり純資産（BPS）	…円	1,140円
1株当たり当期純利益（EPS）	…円	102円
1株当たり配当金（DPS）	…円	29円

［注］解答は，この資料に基づき行うこととし，他の複雑な問題は考えない。

Pさん　「証券会社に行ったのだけど，さっぱり話がわからないよ。とくに『割安，割高』と言われるのだけど，割安なら，安いのだから，買った方がいいのかな。」

Qさん　「割安，割高というのは，一般に，二つの指標で言うんだよ。一つは［　ア　］と言って，市場の評価である株価と会計情報である純資産とを比較したもの，もう一つは［　イ　］と言って，株価と企業の稼ぎ，当期純利益とを比較した指標だよ。おじいちゃんが証券会社の人からもらってきたS社とT社の〈資料〉で計算してみようか。S社の［　ア　］は1.5倍，T社のそれは（　①　）倍，S社の［　イ　］は10.7倍，T社のそれは（　②　）倍と算出されるんだよ。［　ア　］では，S社の指標が高いので割高，［　イ　］では，今度はS社が低いので割安と言われるんだよ。」

Pさん　「うう〜ん。」

Qさん　「ところで，おじいちゃんは毎日，株を売り買いするつもり？」

Pさん　「いや，違うよ。おじいちゃんの時代には，郵便局の定額貯金をすると，１０年で倍になったが，今は，アベノミクスとか言って低金利なので，何かいい運用先がないかと考えたんだ。人生１００年と言われ長生きしてしまうと，今の状態では，年金は不安だし，年金の補助として，運用益を受け取れる投資を考えているんだよ。お前たちはもっとそうだと思うんだがな〜！」

Qさん　「それなら，［　ウ　］を考えようよ。計算すると，S社は2.2％，T社は（　③　）％だから，僅かだけどT社の方がいいよ。ただ，これだけでは不安だから，当期純利益のうちどれだけを株主に還元したか，つまり［　エ　］もみておこうよ。S社は28.5％，T社は（　④　）％だから，これはそんなに差がないね。」

〔解答用紙〕

※試験時間：1時間30分，計算機持込可。

| | 総計 | ／100 |

第1問

1	2	3	4	5	6	7	8	9	10

	第1問	
		／20

第2問

問1

	前期	当期
純資産当期純利益率	％	％

| | 問1 | ／6 |

問2

	前期	当期
①総収益当期純利益率	％	％
②総資産回転率	回	回

| | 問2 | ／12 |

問3

	前期	当期
①売上高売上総利益率	％	％
②棚卸資産回転率	回	回

採用したビジネススタイルとその成果が上げられなかった理由	新たにA（ア．高付加価値・イ．薄利多売）のビジネススタイルを採用したが，このスタイル成功の要素であるB（ア．利益率の低下を補うだけの回転率を上げられなかったため・イ．回転率の低下を補うだけの利益率を上げられなかったため），業績アップにつながらなかった。

| | 問3 | ／18 |

	第2問	
		／36

第3問

問1

①	②	③	④	⑤	⑥	⑦	⑧

| | 問1 | ／24 |

問2

ア

問2	／2

問3

イ

問3	／2

第3問
／28

第4問

問1

ア	イ	ウ	エ

問1	／4

問2

①	②	③	④

問2	／12

第4問
／16

〔解　　答〕

第1問

1	2	3	4	5	6	7	8	9	10
○	×	×	○	×	×	○	○	○	×

各2点×10個

第2問

問1

	前期	当期
総資産当期純利益率	9.4%	6.4%

各3点×2個

問2

	前期	当期
①総収益当期純利益率	4.2%	2.4%
②総資産回転率	2.2回	2.7回

各3点×4個

問3

	前期	当期
①売上高売上総利益率	24.8%	15.2%
②棚卸資産回転率	25.3回	37.8回
採用したビジネススタイルとその成果が上げられなかった理由		

採用したビジネススタイルとその成果が上げられなかった理由	新たにA（ア．高付加価値・⑦．薄利多売）のビジネススタイルを採用したが，このスタイル成功の要素であるB（⑦．利益率の低下を補うだけの回転率を上げられなかったため・イ．回転率の低下を補うだけの利益率を上げられなかったため），業績アップにつながらなかった。

指　標：各3点×4個　　〈別解〉②前期19.0回，当期32.0回　売上原価を分子としたものも正解とする。

選　択：各3点×2個　　　　（注）回転率は，64ページの説明文による。算式は示していない。

【付加情報】因みに，O社は現在，他社に吸収された。

第3問

問1

①	②	③	④	⑤	⑥	⑦	⑧
8.6	7.9	14.4	16.7	234.6	235.8	106.4	94.3

各3点×8個

（注）回転率は，64ページの説明文による。

問2

ア
1

2点×1個

問3

イ
2

2点×1個

【解説】因みに，仕入債務回転率を高めた理由が仕入価格の値引きをえるためであったとするなら，売上高売上原価率の低下に反映するはずであるが，これは，前期52％，当期52％と変わっていない。また，仕入債務回転率も分母の売上原価の金額が低下するので，前期と比べて，大きな変化はみられないはずである。

第4問

問1

ア	イ	ウ	エ
株価純資産倍率	株価収益率	配当利回り	配当性向

各1点×4個

問2

①	②	③	④
1.0	11.3	2.5	28.4

各3点×4個　①は「1」でも正解とみなす。

索　引

著者紹介

新田　忠誓 (にった　ただちか)
　一橋大学名誉教授，一般社団法人資格教育推進機構代表理事

　1967年　福島大学経済学部卒業
　1977年　一橋大学大学院商学研究科博士課程単位取得
　1987年　商学博士（一橋大学）
　2008年　一橋大学名誉教授
　神奈川大学，慶應義塾大学，一橋大学，埼玉学園大学，帝京大学などで教鞭を取る。
　公認会計士第2次・第3次試験試験委員，税理士試験試験委員，不動産鑑定士試験試験委員など歴任。現在，財務会計研究学会名誉会員，日本簿記学会顧問。

　[主要著書等]
　『財務諸表論究（第2版)』中央経済社，1999年。
　『勘定科目・仕訳事典（第2版)』編集代表，中央経済社，2017年。
　『全商　会計実務検定試験テキスト　財務諸表分析（十訂版)』編著，実教出版，2020年。
　『会社決算書アナリスト試験公式テキスト（第3版)』編著，ネットスクール出版，2020年。

善積　康夫 (よしづみ　やすお)
　千葉大学大学院社会科学研究院教授

　1980年　慶應義塾大学経済学部卒業
　1984年　公認会計士試験第3次試験に合格
　1985年　慶應義塾大学大学院商学研究科博士課程単位取得退学
　千葉商科大学商経学部専任講師・助教授，千葉大学法経学部助教授・教授を経て，2017年より現職。
　2014年　公認会計士試験試験委員（～2019年）

　[主要著書等]
　『企業結合会計―その実態と理論―』共著，中央経済社，1985年。
　『経営者会計行動論の展開（千葉大学経済研究叢書4)』千葉大学法経学部経済学科，2002年。
　『無形資産の会計』共著，中央経済社，2006年。

辻　峰男（つじ　みねお）

大阪府立大学学術研究院社会科学系教授

1989年　滋賀大学経済学部卒業

1996年　神戸大学大学院経営学研究科博士課程修了，博士（経営学・神戸大学）

関東学園大学専任講師，京都学園大学専任講師・助教授，大阪府立大学経済学部助教授・教授を経て，2012年より現職。

2019年　公認会計士試験試験委員

［主要著書］

『オフバランス会計の国際比較』白桃書房，1997年。

木村　晃久（きむら　あきひさ）

横浜国立大学大学院国際社会科学研究院准教授

2003年　東京大学経済学部卒業

2005年　東京大学大学院経済学研究科修士課程修了，修士（経済学）

2010年　東京大学大学院経済学研究科博士課程単位取得

2018年　東京大学より博士（経済学）の学位を取得

埼玉学園大学経営学部専任講師，横浜国立大学経営学部准教授を経て，2013年より現職。

［主要著書］

『アナリストのための財務諸表分析とバリュエーション（原著第5版）』共訳，有斐閣，2018年。

『テキスト会計学講義』共著，中央経済社，2018年。

『損益の区分シフト─経常利益の調整実態と株価への影響』中央経済社，2019年。

『全商　会計実務検定試験テキスト　財務諸表分析（十訂版）』共著，実教出版，2020年。

中村　亮介（なかむら　りょうすけ）

筑波大学ビジネスサイエンス系准教授

2004年　一橋大学商学部卒業

2009年　一橋大学大学院商学研究科博士後期課程修了，博士（商学・一橋大学）

帝京大学講師・准教授を経て，2013年より現職。

［主要著書］

『財務制限条項の実態・影響・役割─債務契約における会計情報の活用』共著，中央経済社，2018年。

『全商　会計実務検定試験テキスト　財務諸表分析（十訂版）』共著，実教出版，2020年。

『エッセンス簿記会計（第16版）』共著，森山書店，2020年。

木村　将之 （きむら　まさゆき）

公認会計士，デロイトトーマツベンチャーサポート株式会社 COO

2005年　一橋大学商学部経営学科卒業
2007年　一橋大学大学院商学研究科経営学および会計学専攻修士課程修了
2007年　有限責任監査法人トーマツ入社
2010年　デロイトトーマツベンチャーサポート株式会社入社
2012年　同社アドバイザリーサービス事業部長就任
2014年　早稲田大学ビジネススクール非常勤講師
2014年　デロイトトーマツベンチャーサポート株式会社 海外事業部長
2014年　筑波大学大学院非常勤講師
2019年　デロイトトーマツベンチャーサポート株式会社 COO

[主要著書]

『財務情報の利用の可能性と簿記・会計の理論』共著，森山書店，2008年。
『これですべてがわかるIPOの実務』共著，中央経済社，2012年。
『株式上場ハンドブック（第5版)』共著，中央経済社，2014年。

池川　穣治 （いけがわ　じょうじ）

公認会計士・税理士

1999年　一橋大学商学部卒業
1999年　株式会社エイ・ジー・エス・コンサルティング（現株式会社AGSコンサルティング）入社
2004年　新日本監査法人（現・EY新日本有限責任監査法人）入社
2009年　池川公認会計士事務所 代表（現職）
2011年　株式会社青山トラスト会計社 取締役・パートナー（現職）
2015年　一般財団法人日本デューデリジェンス協会 代表理事（現職）
2016年　税理士法人青山会計社 代表社員（現職）
その他数社の社外取締役・社外監査役に就任

[執筆分担一覧]

新田忠誓（一橋大学名誉教授）　　第1章・第4章

善積康夫（千葉大学教授）　　第5章

辻　峰男（大阪府立大学教授）　　第6章

木村晃久（横浜国立大学准教授）　　第7章

中村亮介（筑波大学准教授）　　第8章・第9章

木村将之（公認会計士）　　第2章

池川穣治（公認会計士）　　第3章

実践 財務諸表分析（第3版）

2014年 7 月20日　第 1 版第 1 刷発行
2017年 3 月 1 日　第 2 版第 1 刷発行
2020年 3 月10日　第 2 版第 2 刷発行
2020年 9 月20日　第 3 版第 1 刷発行

　　　　　　　　　　　　新　田　忠　誓
　　　　　　　　　　　　善　積　康　夫
　　　　　　　　　　　　辻　　　峰　男
　　　　　　著　者　木　村　晃　久
　　　　　　　　　　　　中　村　亮　介
　　　　　　　　　　　　木　村　将　之
　　　　　　　　　　　　池　川　穣　治
　　　　　　発行者　山　本　　　継
　　　　　　発行所　㈱中　央　経　済　社
　　　　　　発売元　㈱中央経済グループ
　　　　　　　　　　　パ ブ リ ッ シ ン グ

〒101-0051　東京都千代田区神田神保町1-31-2
　　　　　　電話　03 (3293) 3371（編集代表）
　　　　　　　　　03 (3293) 3381（営業代表）
　　　　　　http://www.chuokeizai.co.jp/
Ⓒ 2020　　　印刷／三 英 印 刷 ㈱
Printed in Japan　製本／誠　製　本　㈱

＊頁の「欠落」や「順序違い」などがありましたらお取り替えいた
しますので発売元までご送付ください。（送料小社負担）
ISBN978-4-502-36171-5　C3034

─■おすすめします■─────────────

学生・ビジネスマンに好評
■最新の会計諸法規を収録■

新版 会計法規集

中央経済社編

会計学の学習・受験や経理実務に役立つことを目的に，
最新の会計諸法規と企業会計基準委員会等が公表した
会計基準を完全収録した法規集です。

───────────────────────

《主要内容》

会計諸基準編＝企業会計原則／外貨建取引等会計処理基準／連結CF計算書
等作成基準／研究開発費等会計基準／税効果会計基準／減
損会計基準／自己株式会計基準／１株当たり当期純利益会
計基準／役員賞与会計基準／純資産会計基準／株主資本等
変動計算書会計基準／事業分離等会計基準／ストック・オ
プション会計基準／棚卸資産会計基準／金融商品会計基準
／関連当事者会計基準／四半期会計基準／リース会計基準
／持分法会計基準／セグメント開示会計基準／資産除去債
務会計基準／賃貸等不動産会計基準／企業結合会計基準／
連結財務諸表会計基準／研究開発費等会計基準の一部改正
／変更・誤謬の訂正会計基準／包括利益会計基準／退職給
付会計基準／税効果会計基準の一部改正／収益認識基準／
原価計算基準／監査基準／連続意見書　他

会 社 法 編＝会社法・施行令・施行規則／会社計算規則

金 商 法 編＝金融商品取引法・施行令／企業内容等開示府令／財務諸表
等規則・ガイドライン／連結財務諸表規則・ガイドライン
／四半期財務諸表等規則・ガイドライン／四半期連結財務
諸表規則・ガイドライン　他

関 連 法 規 編＝税理士法／討議資料・財務会計の概念フレームワーク　他

■中央経済社■